普通高等教育"十四五"规划教材

现代教育技术（第三版）

主　编　徐　磊　张远峰
参　编　崔　健　王　凤　赵爱平
　　　　刘　卓　韩素芸

内 容 简 介

本书以《中小学教师信息技术应用能力标准（试行）》为依据编写，融入党的二十大精神，旨在帮助学生增强教育信息化意识，掌握现代教育技术知识与技能，提升信息化教学能力。

本书以现代教育技术应用为重点，线索清晰，内容丰富，实践性强，精心设计了教育技术概述、信息化教学设计、教学媒体与信息化教学环境、信息化数字资源的获取与加工、信息化教学工具、演示型课件的设计与制作、微课的设计与制作、网络技术的教育应用等内容。本书各章还设计了学习目标、知识导图、思考与练习、操作练习等内容；添加了重点难点操作的演示动画（可扫描书中二维码观看）；此外，本书还提供了丰富的网络学习资源供读者使用。

本书可作为师范类学生现代教育技术课程教材，也可作为中小学教师教育技术能力培训教材，以及教育技术工作者的参考书。

图书在版编目（CIP）数据

现代教育技术/徐磊，张远峰主编. -- 3版. -- 北京：北京大学出版社，2025.1. -- ISBN 978-7-301-35559-6

Ⅰ.G40-057

中国国家版本馆CIP数据核字第2024Q906C1号

书　　　名	现代教育技术（第三版） XIANDAI JIAOYU JISHU（DI-SAN BAN）
著作责任者	徐　磊　张远峰　主编
策划编辑	李　玥
责任编辑	胡　媚
标准书号	ISBN 978-7-301-35559-6
出版发行	北京大学出版社
地　　址	北京市海淀区成府路205号　100871
网　　址	http://www.pup.cn　新浪微博：@北京大学出版社
电子邮箱	编辑部 zyjy@pup.cn　总编室 zpup@pup.cn
电　　话	邮购部 010-62752015　发行部 010-62750672　编辑部 010-62704142
印刷者	河北文福旺印刷有限公司
经销者	新华书店
	787毫米×1092毫米　16开本　12.5印张　350千字 2009年4月第1版　2019年1月第2版 2025年1月第3版　2025年1月第1次印刷　总第18次印刷
定　　价	45.00元

未经许可，不得以任何方式复制或抄袭本书之部分或全部内容。
版权所有，侵权必究
举报电话：010-62752024　电子邮箱：fd@pup.cn
图书如有印装质量问题，请与出版部联系，电话：010-62756370

Preface

第三版前言

《现代教育技术》(第三版)是"现代教育技术"这一课程的配套教材。

党的二十大报告提出,"培养高素质教师队伍""推进教育数字化,建设全民终身学习的学习型社会、学习型大国"。为了深入贯彻落实党的二十大精神,助力高素质教师队伍人才培养,本书编写以《中小学教师信息技术应用能力标准(试行)》为依据,以现代信息技术为抓手,旨在帮助学生增强教育信息化意识,掌握现代教育技术知识与技能,提升信息化教学能力。

本书经多次重印,受到广大读者和教师的欢迎。为反映最新的现代教育技术理论和实践的发展成果,根据近年来编者团队的教学实践和使用者的反馈,编者在本书第二版的基础上对各章节内容进行了较大幅度的调整和修改。具体章节内容如下:

第1章为"教育技术概述",主要包括教育技术的基本概念、教育技术的发展与应用、信息时代教师教育技术能力。本章内容旨在帮助学生对教育技术形成整体的认识。

第2章为"信息化教学设计",主要介绍了信息化教学设计概述、课堂教学设计、在线教学设计、混合式教学设计。本章内容旨在帮助学生掌握各种教学场景下的信息化教学设计的流程与方法。

第3章为"教学媒体与信息化教学环境",主要包括教学媒体概述、信息化教学环境(多媒体教学系统、网络教室、交互式电子白板、电子书包及智慧教室等)的应用。本章内容旨在帮助学生构建在不同教学环境下进行信息化教学的宏观视野。

第4章为"信息化教学资源的获取与加工",主要包括:数字资源的检索,介绍了HTTP资源与数据库资源的检索;数字资源的获取与处理,介绍了文本、图像、音频、视频等资源的获取与处理方法;基于AIGC的内容生成,介绍了利用AI模型获取资源的方法和案例。本章内容旨在帮助学生高效获取和应用教学资源打下坚实基础。

第5章为"信息化教学工具",主要包括信息化教学工具概述、思维可视化工具、虚拟实验工具、教学评价工具及学科工具等。本章内容旨在让学生掌握常用的信息化教学工具的基本操作及其教学应用。

第6章为"演示型课件的设计与制作",主要包括演示型课件概述、素材搜集、框架结构设计、图文设计、图形与图表设计、布尔运算、动画设计、多媒体导入、演示管理等。本章内容旨在通过介绍整体框架结构设计、编辑、排版和美化设计等制作演示型课件的技巧,帮助学生掌握相关技能。

第 7 章为"微课的设计与制作",主要包括微课概述、微课的教学设计及微课的制作方法与工具。本章内容旨在帮助学生掌握微课制作的方法与技能。

第 8 章为"网络技术的教育应用",主要包括移动学习、MOOC、翻转课堂、在线同步直播教学。本章内容旨在帮助学生掌握新出现的网络学习形式与教学模式。

本书理论联系实际,面向教师信息技术应用能力培养;立足学科视角,聚焦于技术与课程的整合;兼顾传统与现代,重视教材的可读性与可用性。为便于教师和学生使用,书中设计了学习目标、知识导图、思考与练习、操作练习等内容。为了使教师和学生获得更加丰富的学习资源,我们还为本书配套了网络资源,可通过扫描书中的二维码获取。

本书的内容纲要与结构由全体参编同志反复讨论、共同商定,全书由徐磊、张远峰组织编写并统稿。本书具体分工如下:第 1 章由赵爱平编写,第 2 章由张远峰编写,第 3 章由韩素芸、刘卓编写,第 4、5 章由王凤编写,第 6 章由崔健编写,第 7 章由徐磊编写,第 8 章由徐磊、崔健编写。

受时间与水平所限,本书难免存在不足之处,欢迎读者朋友提出宝贵意见。

编 者

2024 年 9 月

目 录

第1章 教育技术概述 ·· 1
  1.1 教育技术的基本概念 ·· 3
    1.1.1 教育技术的含义 ·· 3
    1.1.2 相关概念辨析 ·· 4
  1.2 教育技术的发展与应用 ·· 4
    1.2.1 教育技术的发展历程 ·· 4
    1.2.2 教育技术的最新发展趋势 ·· 7
  1.3 信息时代教师教育技术能力 ·· 9

第2章 信息化教学设计 ··· 13
  2.1 信息化教学设计概述 ·· 15
    2.1.1 教学设计的基本概念和特点 ·· 15
    2.1.2 教学设计的基本过程 ·· 16
  2.2 课堂教学设计 ·· 20
    2.2.1 课堂教学设计概述 ·· 20
    2.2.2 课堂教学的流程设计 ·· 21
    2.2.3 课堂教学设计案例 ·· 23
  2.3 在线教学设计 ·· 26
    2.3.1 在线教学设计概述 ·· 26
    2.3.2 在线教学的流程设计 ·· 27
    2.3.3 在线教学设计案例 ·· 30
  2.4 混合式教学设计 ·· 31
    2.4.1 混合式教学设计概述 ·· 31
    2.4.2 混合式教学的流程设计 ·· 32
    2.4.3 混合式教学设计案例 ·· 35

第3章 教学媒体与信息化教学环境 ··· 39
  3.1 教学媒体概述 ·· 41
    3.1.1 教学媒体的含义及表现形态 ·· 41
    3.1.2 教学媒体的作用 ·· 42

3.1.3 教学媒体的分类 …………………………… 44
3.1.4 教学媒体的特性与功能 …………………… 45
3.2 信息化教学环境的应用 ……………………………… 48
3.2.1 多媒体教学系统 …………………………… 48
3.2.2 网络教室 …………………………………… 51
3.2.3 交互式电子白板 …………………………… 52
3.2.4 电子书包 …………………………………… 59
3.2.5 智慧教室 …………………………………… 61

第4章 信息化教学资源的获取与加工 …………………………… 67
4.1 数字资源的检索 ……………………………………… 69
4.1.1 HTTP 资源检索 …………………………… 69
4.1.2 数据库资源检索 …………………………… 69
4.2 数字资源的获取与处理 ……………………………… 72
4.2.1 文本资源的获取与处理 …………………… 72
4.2.2 图像资源的获取与处理 …………………… 73
4.2.3 音频资源的获取与处理 …………………… 77
4.2.4 视频资源的获取与处理 …………………… 80
4.3 基于 AIGC 的内容生成 ……………………………… 82
4.3.1 Prompt 的编写原则与模式 ……………… 82
4.3.2 AIGC 使用领域及案例 …………………… 83

第5章 信息化教学工具 …………………………………………… 91
5.1 信息化教学工具概述 ………………………………… 93
5.1.1 信息化教学工具的概念 …………………… 93
5.1.2 信息化教学工具的分类和特点 …………… 93
5.2 思维可视化工具 ……………………………………… 94
5.2.1 思维可视化工具概述 ……………………… 94
5.2.2 常用的思维可视化工具 …………………… 95
5.3 虚拟实验工具 ………………………………………… 99
5.3.1 虚拟实验工具概述 ………………………… 99
5.3.2 常用的虚拟实验工具 ……………………… 99
5.4 教学评价工具 ………………………………………… 104
5.4.1 教学评价工具概述 ………………………… 104
5.4.2 常用的教学评价工具 ……………………… 104
5.5 学科工具 ……………………………………………… 108
5.5.1 学科工具概述 ……………………………… 108
5.5.2 常用的学科工具 …………………………… 108

第6章 演示型课件的设计与制作 ………………………………… 113
6.1 演示型课件概述 ……………………………………… 115
6.1.1 常用的演示型课件制作工具 ……………… 115
6.1.2 优秀的演示型课件评价标准 ……………… 116

6.2 素材搜集 ·· 117
　6.2.1 模板搜集 ·· 117
　6.2.2 图表搜集 ·· 117
　6.2.3 图片搜集 ·· 117
6.3 框架结构设计 ··· 118
　6.3.1 大纲设计 ·· 118
　6.3.2 结构设计 ·· 118
　6.3.3 导航设计 ·· 120
6.4 图文设计 ·· 121
　6.4.1 文字的编辑与处理 ·· 121
　6.4.2 图片的编辑与处理 ·· 125
　6.4.3 图文并排 ·· 129
6.5 图形与图表设计 ·· 131
　6.5.1 绘制自选图形 ··· 131
　6.5.2 SmartArt 图形 ··· 132
　6.5.3 表格 ·· 132
　6.5.4 图表 ·· 134
6.6 布尔运算 ·· 136
　6.6.1 布尔运算的形式 ·· 136
　6.6.2 布尔运算的应用 ·· 137
6.7 动画设计 ·· 141
　6.7.1 自定义动画 ·· 141
　6.7.2 页面切换动画 ··· 142
6.8 多媒体导入 ··· 143
　6.8.1 音频的使用技巧 ·· 143
　6.8.2 视频的使用技巧 ·· 143
6.9 演示管理 ·· 144
　6.9.1 演示技巧 ·· 144
　6.9.2 PPT 的 AI 生成 ·· 147

第 7 章 微课的设计与制作 ·· 149
7.1 微课概述 ·· 151
　7.1.1 微课的概念与特征 ·· 151
　7.1.2 微课的发展与现状 ·· 152
　7.1.3 微课的类型 ·· 152
7.2 微课的教学设计 ·· 154
　7.2.1 科学的选题 ·· 154
　7.2.2 明确使用对象 ··· 155
　7.2.3 媒体设计 ·· 155
　7.2.4 趣味性与教学性 ·· 156

7.3 微课的制作方法与创作工具 ········· 157
7.3.1 录屏式 ········· 157
7.3.2 拍摄式 ········· 161
7.3.3 软件合成式 ········· 164

第8章 网络技术的教育应用 ········· 173
8.1 移动学习 ········· 175
8.1.1 移动学习的内涵与特征 ········· 175
8.1.2 移动学习平台 ········· 176
8.2 MOOC ········· 180
8.2.1 MOOC 的含义与发展 ········· 180
8.2.2 MOOC 的特点 ········· 182
8.2.3 MOOC 带来的影响 ········· 182
8.2.4 常见的 MOOC 平台 ········· 183
8.3 翻转课堂 ········· 186
8.3.1 翻转课堂概述 ········· 187
8.3.2 翻转课堂的实施过程 ········· 188
8.3.3 翻转课堂教学应用案例 ········· 189
8.4 在线同步直播教学 ········· 190
8.4.1 在线同步直播教学概述 ········· 190
8.4.2 直播教学案例：钉钉 ········· 192

第 1 章

教育技术概述

学习目标

- 掌握教育技术的定义
- 了解教育技术与信息技术的联系与区别
- 能够描述教育技术发展的基本历程
- 了解教育技术应用
- 掌握信息时代教师应具备的教育技术能力

知识导图

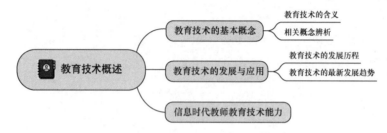

人类总是借助工具认识世界，工具的发明创新推动着人类历史的进步。同样，教育手段和方法的变革创新也推动着教育的进步与发展。随着人工智能、大数据、虚拟现实/增强现实等信息技术的发展，科技介入教育正在流行。

科技对教育的渗透日益加强，将对教育产生什么样的影响？在科技介入教育的时代，我们不得不重新思考那个老生常谈的话题——什么样的教育才是好的教育？

1.1 教育技术的基本概念

1.1.1 教育技术的含义

技术的发展给人类的生活带来了巨大的冲击，技术在教育领域的应用也正改变着教育，教育技术已经成为推动教育变革的重要原动力。那么，我们应如何理解教育技术呢？

教育技术从起源发展至今，各类定义、术语层出不穷，形成一种众说纷纭的状况。从1963年到2005年，美国教育技术界对教育技术进行了多次定义。而我国教育技术领域的学者在多年的研究和实践当中，对教育技术也形成了自己的看法，并针对新兴技术和传统技术的结合，提出了现代教育技术的概念。

1. 国外定义

1994年，美国教育传播与技术协会（Association of Educational Communications and Technology，AECT）将教育技术定义为：教育技术是为了促进学习，对学习资源和学习过程进行设计、开发、利用、管理和评价的理论与实践（以下简称"AECT 1994定义"）。这个定义明确指出：教育技术的目的是促进学习，研究对象是学习资源和学习过程，研究领域是设计、开发、利用、管理和评价，教育技术是理论与实践相结合的综合性学科。目前这一定义已被教育技术界的专家学者和实际工作者广泛承认，是对教育技术的科学认识和精辟概述，对教育技术的发展具有重要的指导意义。

2005年，AECT在总结自1994年以来教育技术发展状况的基础上，提出了教育技术的最新定义：教育技术是通过创造、使用、管理适当的技术性的过程和资源，以促进学习和改善绩效的研究与符合道德规范的实践（以下简称"AECT 2005定义"）。

AECT 2005定义表明：

（1）界定的概念名称是"教育技术"（Educational Technology），而不是"教学技术"（Instructional Technology）。

（2）教育技术有两大领域："研究"和"符合道德规范的实践"。

（3）教育技术有双重目的："促进学习"和"改善绩效"。

（4）教育技术有三大范畴："创造""使用""管理"。与AECT 1994定义比较，AECT 2005定义将原有的五大范畴整合为三大范畴，其对应关系是：将AECT 1994定义中的"设计"与"开发"两个范畴合为一个范畴"创造"，将AECT 1994定义中的"利用"范畴改成了一个较简单的词"使用"，将AECT 1994定义中的"管理"与"评价"两个范畴合为"管理"一个范畴。

（5）教育技术有两大对象："过程"和"资源"。这与AECT 1994定义中的"学习过程""学习资源"有一定区别，AECT 2005定义中的"过程"和"资源"之前有一个限定词"适当的技术性的"。

（6）教育技术的主要特征在于其技术性。

2. 国内定义

1998年，我国电化教育创始人南国农、华南师范大学教授李运林在《电化教育学》

（第二版）中提出了"电化教育"的定义：电化教育就是在现代教育思想、理论的指导下，主要运用现代教育技术进行教育活动，以实现教育过程的最优化。

1990年，我国著名教育家顾明远主编的《教育大辞典》中对教育技术的定义是：教育技术是人类在教育活动中所采用的一切技术手段和方法的总和，包括物化形态的技术和智能形态的技术两大类。

华南师范大学教授李克东以 AECT 1994 定义为基础，结合我国实际，提出现代教育技术的定义：现代教育技术就是运用现代教育理论和现代信息技术，通过对教与学过程和教与学资源的设计、开发、利用、管理和评价，以实现教学优化的理论与实践。

实际上，"教育技术"这一概念是随着媒体技术的发展和理论观念的更新而逐渐形成的，任何定义都具有一定的时代性和历史性。不管技术如何发展、教育理念如何更新，教育技术的本质都是用技术来促进有效的教与学。

1.1.2 相关概念辨析

1. 教育技术与信息技术

信息技术是一门综合性很强的技术，它以计算机和微电子技术为基础，是产生、存储、转换和加工图像、文字、声音及数字信息的一切现代技术的总称。信息技术渗透于人类社会各个领域，影响无处不在。

教育技术是理论与实践并重的学科，在其发展过程中，有不断更新的技术基础，技术的应用为教育技术的发展提供了有力的支撑。但教育技术不关注技术本身，关注的是如何利用各种技术为教育服务，提高教育的质量和效率。

现代教育技术以信息技术运用为核心，将信息技术作为物化形态的主要技术手段之一。如今，以计算机技术为核心的现代信息技术成为教育中的主导技术，计算机多媒体技术、网络通信技术、人工智能技术与虚拟现实技术等新技术已广泛应用于教育教学中，极大地促进了教育信息化，深化了教育教学改革，同时也促进了教育技术的新发展。

2. 教育技术与现代教育技术

教育技术随着教育的产生而产生，至今人类已经积累了大量的、形式多样的教育技术，形成了一个包括语言技术、直观技术、媒体技术和系统技术在内的教育技术体系。

语言技术和直观技术被称为传统教育技术，媒体技术和系统技术被称为现代教育技术。现代教育技术是以计算机技术为核心的现代信息技术在教育、教学中的运用，它是20世纪90年代以后在国内被大量使用的一个术语，目前人们逐渐习惯于使用"现代教育技术"这一概念，这也使得教育技术带有了更加强烈的现代化、信息化色彩。本书中的"教育技术"与"现代教育技术"指同一个概念。

1.2 教育技术的发展与应用

1.2.1 教育技术的发展历程

在人类教育的发展过程中，科学技术一直是教育发展的动力和所依赖的手段。每一次科学技术的进步，都直接或间接地对教育产生革命性的影响。教育技术就是随着人类教育的发展和科学技术的进步而不断发展的。

美国是世界教育技术产生最早、影响最大的国家，其发展脉络清晰完整，可作为我们研究教育技术发展历史的典型代表。美国教育技术的形成与发展可从三个方面追溯：一是视听教学的发展推动了各类视听设备在教学中的运用，二是程序教学促进了以学生为中心的个性化教学的形成，三是教学系统方法的发展促进了教育技术理论核心——教学设计学科的诞生。

1. 媒体教学技术

（1）语言技术和直观技术

语言包括口头语言、形体语言，是早期人们传情达意的有效工具。语言技术也是教育活动中一种最古老、最有效的信息传播技术。在文字出现之后，人类的文化知识就可以通过文字符号记载与保存，在教育方式上又增添了通过文字材料传播教学内容的方法。这是教育方式的一次重大变革，是教育史上的一次重大革命。

直观技术是指一种由人工制作的、以替代现实本身信息为特点的挂图、模型等直观教具在教育中应用的技术。直观技术是以感觉论为基础的，不同于语言符号的抽象性，它能够直观、形象地反映客观事物，不仅大大地提高了课堂教学效率和教学效果，而且为视听媒体在教学中的应用奠定了基础。

直观技术是教育技术的先声，是从17世纪开始形成的，其应用以班级教学为组织形式。以书本、粉笔、黑板、图片、模型及口语为媒体的直观技术是较为简单和原始的教育技术。

（2）视听教学

19世纪末，科学技术的迅速发展和科技成果引进教育领域对教育技术的发展产生了深刻的影响。相片、幻灯、无声电影等新媒体在教育教学中的应用，为学生提供了生动的视觉形象。然而，发生在1918—1928年的视觉教学（Visual Instruction）运动作为一场正式的教学改革运动，标志着教育技术的发端。

20世纪20年代末，无线电广播、有声电影开始在教育中推广应用。英国、美国是开展播音教学较早的国家，无线电广播对教育的作用远远超出了学校教育的范围，为扩大教育规模、发展社会教育开辟了一条有效的途径。同时，具有视听双重特点的有声电影在提高教育效果方面显示了巨大的作用，引起了人们的广泛兴趣与政府部门的特别重视。人们感到原有的"视觉教学"概念已不能涵盖已经扩展的视听设备介入教育实践，"视觉教学"便发展为"视听教育"。在诸多关于视听教育的研究中，堪称代表的是美国视听教育家埃德加·戴尔于1946年所著的《教学中的视听方法》，该书提出的"经验之塔"理论成为视听教育的主要理论根据。

"经验之塔"把人们获得知识与能力的各种经验，按照抽象程度不同，分为三大类十个层次，即"做"的经验、"观察"的经验和"抽象"的经验。"经验之塔"最底层的经验最具体，越往上升，则越趋于抽象；教学活动应该从具体经验入手，逐步过渡到抽象的经验；教学不能止于具体经验，而必须向抽象化发展，最后形成概念。在学校教学中使用各种教学媒体，可以使教学活动更为具体、直观，也能为抽象概括创造条件，从而获得更好的抽象的经验。位于"经验之塔"中层的视听媒体和视听经验，较上层的言语、视觉符号更能为学生提供较容易理解的具体、形象的经验，又能突破时空的限制，弥补下层的直接经验方式的不足。

（3）视听传播

1955—1965年，语言实验室、电视、教学机器、多种媒体综合呈现技术、计算机辅助教学等先后问世，并在教学中得到应用。视听活动日益扩大，远远超过了最初意义上视听教育的范围。同时，由于传播理论的发展影响到教育领域，人们开始探讨从学习理论和传播理论的角度重新认识视听教育的理论问题。1963年2月，美国的视听教育协会建议将"视听教育"改名为"视听传播"，并对此做了详细的说明。另外，许多研究视听教育的文章和著作，也都趋向于采用传播学作为理论基础。这标志着视听教育向视听传播发展，是视听教育理论上的一个转折点，研究重心从重视教具、教材的使用转向关注教学信息的传播过程。

2. 个别化教学技术

个别化教学是一种适合个别学习者需要和特点的教学，在方法上允许学习者自定目标、自定步调，自己选择学习的方法、媒体和材料。个别化教学是教育技术发展史上的一个重要领域。20世纪初，在美国出现的个别化教学形式有伯克的个别学习系统（1912）、华虚朋的文纳特卡制（1919）、道尔顿实验室计划（1920）、莫里逊的单元制教学法（1925）等。但真正在教育中有着广泛影响的个别化教学，当推20世纪50年代兴起的程序教学。

程序教学主要由教学机器的发明人普莱西首创，然而由于教学机器设计的问题和客观条件不成熟，对教育技术的发展影响不大。对程序教学贡献最大的当属美国著名的教育心理学家斯金纳，他在1954年发表的《学习的科学和教学的艺术》一文中，强调"强化"在教学中的重要作用，重新设计了教学机器，从而使美国的程序教学运动在20世纪50年代至60年代初达到高潮，后来发展成为不用教学机器只用程序课本的"程序教学"。

随着计算机技术的迅速发展，程序教学的思想和方法被后来的计算机辅助教学继承。计算机辅助教学的产生受到斯金纳程序教学的强烈影响，但计算机辅助教学具有灵活性和人机交互功能，弥补了原来教学机器的不足。最初的计算机辅助教学主要用于答疑、练习、个别指导、模拟教学测验、评价等方面，后来也用于系统的学科教学。20世纪70年代微型计算机的发展又推动了计算机辅助教学运动，80年代微型计算机在学校中的使用迅速增长，许多学校把微型计算机用于教学。

3. 系统技术

在传播学向视听教学渗透的同时，系统论也开始对教育教学发生作用和影响。系统论认为：教育是一个复杂的系统，是由教育目的、教育内容、教育媒体、教育方法以及教师、学生、管理人员等组成的一个有机整体，教育媒体只是教育系统中的一个要素，解决不了教育的全部问题。教育系统整体功能的最优发挥，不仅需要各个组成部分充分发挥自己的作用，而且要求系统中各个要素协调一致。因此，只有用系统的观点对教育的各个部分进行整体考虑、对教育过程进行系统设计，才是实现教育最优化的根本途径。

20世纪60年代末至70年代初，教学系统方法在教育技术领域日益受到重视，也成为现代教育技术研究的主要方法。现代教育技术的研究从过去单一媒体的特性研究转向了对媒体的系统开发及教育过程的系统化研究，由媒体技术进入系统技术阶段。

随着各种理论在教育中的渗透，"教育技术"作为一个独立的科学概念和专门术语逐渐形成。

1.2.2 教育技术的最新发展趋势

教育技术的发展与科学技术的发展紧密相连。近年来随着多媒体技术、网络技术、人工智能技术等现代信息技术的飞速发展，以及新的教育理念的出现，现代教育技术出现了许多新的特点，呈现出以下几个方面的发展趋势：

1. 翻转课堂

翻转课堂也称颠倒的课堂，是指教师创建视频，学生在家中或课外观看视频中教师的讲解，在课堂上师生面对面交流和完成作业的一种教学模式。翻转课堂将学生的学习放在课外，学生在导学任务单的指引下，观看微视频进行自主学习，完成教师设计好的课前学习任务。教师通过课前学习任务的反馈，了解学生的学习状况和困难所在，有针对性地设计课堂教学活动，决定教学节奏。学生在课内通过完成作业、测试，有针对性的交流讨论、拓展练习、小组合作或项目学习，完成知识的建构、吸收和内化。

与传统课堂教学相比，翻转课堂可以更好地满足学生个性化学习的需求。传统的课堂教学是教师在课堂讲授新知识，学生在课外完成作业。在课堂上，教师按预设的教学内容用统一的步调完成授课，无法照顾学生的差异性。课堂外，学生遇到有难度的作业，不能按时完成，易产生挫败感，难以从学习中获得自信心和成就感。翻转课堂的教学是在课下进行"知识获取"，在课上完成"知识内化"。课堂外，学生根据自己的实际情况灵活安排学习时间和学习步调，完成信息的主动加工。学生遇到难以理解的知识点时，可以随时反复观看视频。课堂内，学生完成作业或拓展练习时，有教师和同学帮助，不再是孤军奋战，减少了独自学习时的孤独感和遇到难以解决的问题时产生的挫败感。教师也从课堂教学的主导者转变为课堂活动的组织者和督导者，有更多的机会融入学生之中，为学生提供一对一的指导，去帮助在学习上真正有困难的学生。

2. 移动学习

随着智能手机和平板电脑的普及及功能的日益强大，产生了一种新的学习形式——移动学习。移动学习是指在终身学习的思想指导下，利用现代通信终端，如手机、平板电脑等设备所进行的远程学习。学生无论身在何处都能够通过网络及时获取丰富的知识。

移动学习是在数字化学习的基础上发展起来的，是数字化学习的扩展。学生不再被限制在某个地点，可以自由自在、随时随地进行不同目的、不同方式的学习。学习环境是移动的，教师、研究人员、技术人员和学生都是移动的。从实现方式来看，实现移动学习的技术基础是移动计算技术和互联网技术，实现的工具是小型的移动设备。

3. 慕课

慕课（Massive Open Online Course，MOOC）是一种在线课程开发模式。MOOC 由若干个短视频组成，视频之间穿插一些小测验，学习者可以随堂检验知识掌握情况。每门课可同时供上万人甚至十几万人学习，且不受时间、空间限制。学习者还可以在课程平台上与教师或其他学习者进行交流。2011 年，16 万来自世界各地的学习者注册了由美国斯坦福大学开设的免费课程"人工智能导论"，该课程也被视为 MOOC 发展的里程碑。

MOOC 课程在中国也受到了很大关注。2013 年起，清华大学、北京大学、复旦大学等众多国内顶尖高校纷纷开始参与 MOOC 建设。与此同时，MOOC 也吸引了越来越多的学生将其作为学习的新途径。截至 2022 年 2 月末，我国上线 MOOC 数量超过 5.25 万门，注册用户达 3.7 亿，已有超过 3.3 亿人次在校大学生获得 MOOC 学分，MOOC 数量和应用规模世界第一。① 以 MOOC 为代表的新型在线教育模式，为那些有超强学习欲望的学生提供了前所未有的机会和帮助。国内比较著名的 MOOC 网站有中国大学 MOOC 和 MOOC 学院。

4. 3D 打印

3D 打印物品

3D 打印是一种采用材料逐渐累加堆积的方法制造实体零件的加工技术，其综合了计算机图形处理、数字化信息和控制、激光技术、机电技术和材料技术等多项技术优势。许多学校将 3D 打印机作为一种鼓励实践学习和设计思维的工具。学生可以创造一切实物，在体验中实验，而不是面对一堆遥远又抽象的公式。3D 打印将虚拟世界和实体世界联系得更加紧密，学生所绘制的虚拟 3D 模型能够通过 3D 打印机变成实物。

随着 3D 打印机使用门槛降低及应用领域扩大，3D 打印机已经进入国内基础教育领域。当前 3D 打印在国内教学上应用的方式有：数学系的学生可以将他们的"问题"打印出来，并在他们自己的学习空间中寻找答案，比如打印一个几何体，使他们更直观地了解几何体内部各元素之间的联系；工程设计系的学生可以打印自己设计的原型产品，并对其进行测试、研究与探索；建筑系的学生可以打印自己设计的建筑实体模型；车辆工程系的学生可以打印各种各样的实体汽车部件，便于测试；等等。

5. 智慧教室

智慧教室是数字教室和未来教室的一种形式。智慧教室是一种新型的教育形式，有别于传统授课、听课的方式。在智慧教室中，课前学生需要提前预习，课中教师会安排学生分组讨论并随时测试，教师能快速掌握每位学生的学习情况，并进行针对性指导。智慧教室运用现代化手段切入整个教学过程，让课堂变得简单、高效、智能，有助于培养学生自主思考的能力。智慧教室的实景如图 1-1 所示。

图 1-1　智慧教室实景

---

① 李华锡. 注册用户 3.7 亿！我国慕课数量和规模世界第一[EB/OL].（2022-05-18）[2024-06-18]. https://edu.youth.cn/wzlb/202205/t20220517_13698795.htm.

> **讨论交流**

观看 Intel 公司未来教室宣传片《Intel-Project-Bridge 未来教室》，和你的同学进行讨论：在未来教室中出现了哪些信息技术？与传统课堂相比，未来教室中的教学方式和学习方式发生了哪些变化？

1.3 信息时代教师教育技术能力

随着信息时代的到来，各种新兴技术飞速发展，使得教学的方式发生了很大的变化，信息化教育教学已经成为大势所趋。教师作为教育信息化发展的重要推动者，其教育技术能力的水平对学生信息素养的发展以及教育信息化 3.0 的实现有着十分重要的影响。

教育技术能力是时代发展对教师提出的要求，也是新时期教师必备的能力。教师具备教育技术能力会让自己的教学锦上添花。教育技术能力不再是教学辅助能力，而是提高教学效果和教学质量的必备能力。

教育技术能力是教师专业素质的必要组成部分，提升教师教育技术能力有助于推进教育信息化，促进教育改革及更好地实施国家课程标准。教育技术应用于教学是教育信息化的必然要求，教育技术是促进教育教学变革的催化剂。

提升教师的教育技术能力有助于优化教学过程，提升教学效果。教育技术与新课程改革密切相关，主要体现为教育技术融合了先进的现代教育思想、教育理论和先进的多媒体信息技术。教师能够利用教育技术的手段、方法提升自身的教学水平，从而为新课程改革积累新的方法、途径和模式。

> **讨论交流**

信息技术应用能力是信息化社会教师必备的专业能力之一。为全面提升中小学教师的信息技术应用能力，促进信息技术与教育教学深度融合，2014 年 5 月教育部发布了《中小学教师信息技术应用能力标准（试行）》。该标准根据教师教育教学工作与专业发展主线，将信息技术应用能力区分为技术素养、计划与准备、组织与管理、评估与诊断、学习与发展五个维度，主要内容如表 1-1 所示。

请大家阅读完表 1-1 中的内容后，与小组成员探讨传统教学环境下与信息化教学环境下师生角色的不同之处，以及在信息时代，教师与学生应具备哪些能力。

表1-1 《中小学教师信息技术应用能力标准（试行）》的主要内容

维度	应用信息技术优化课堂教学	应用信息技术转变学习方式
技术素养	理解信息技术对改进课堂教学的作用，具有主动运用信息技术优化课堂教学的意识。	了解信息时代对人才培养的新要求，具有主动探索和运用信息技术变革学生学习方式的意识。
	了解多媒体教学环境的类型与功能，熟练操作常用设备。	掌握互联网、移动设备及其他新技术的常用操作，了解其对教育教学的支持作用。
	了解与教学相关的通用软件及学科软件的功能及特点，并能熟练应用。	探索使用支持学生自主、合作、探究学习的网络教学平台等技术资源。
	通过多种途径获取数字教育资源，掌握加工、制作和管理数字教育资源的工具与方法。	利用技术手段整合多方资源，实现学校、家庭、社会相连接，拓展学生的学习空间。
	具备信息道德与信息安全意识，能够以身示范。	帮助学生树立信息道德与信息安全意识，培养学生良好行为习惯。
计划与准备	依据课程标准、学习目标、学生特征和技术条件，选择适当的教学方法，找准运用信息技术解决教学问题的契合点。	依据课程标准、学习目标、学生特征和技术条件，选择适当的教学方法，确定运用信息技术培养学生综合能力的契合点。
	设计有效实现学习目标的信息化教学过程。	设计有助于学生进行自主、合作、探究学习的信息化教学过程与学习活动。
	根据教学需要，合理选择与使用技术资源。	合理选择与使用技术资源，为学生提供丰富的学习机会和个性化的学习体验。
	加工制作有效支持课堂教学的数字教育资源。	设计学习指导策略与方法，促进学生的合作、交流、探索、反思与创造。
	确保相关设备与技术资源在课堂教学环境中正常使用。	确保学生便捷、安全地访问网络和利用资源。
	预见信息技术应用过程中可能出现的问题，制订应对方案。	预见学生在信息化环境中进行自主、合作、探究学习可能遇到的问题，制订应对方案。
组织与管理	利用技术支持，改进教学方式，有效实施课堂教学。	利用技术支持，转变学习方式，有效开展学生自主、合作、探究学习。
	让每个学生平等地接触技术资源，激发学生学习兴趣，保持学生学习注意力。	让学生在集体、小组和个别学习中平等获得技术资源和参与学习活动的机会。
	在信息化教学过程中，观察和收集学生的课堂反馈，对教学行为进行有效调整。	有效使用技术工具收集学生学习反馈，对学习活动进行及时指导和适当干预。
	灵活处置课堂教学中因技术故障引发的意外状况。	灵活处置学生在信息化环境中开展学习活动发生的意外状况。
	鼓励学生参与教学过程，引导学生提升技术素养并发挥其技术优势。	支持学生积极探索使用新的技术资源，创造性地开展学习活动。

续表

维度	应用信息技术优化课堂教学	应用信息技术转变学习方式
评估与诊断	根据学习目标科学设计并实施信息化教学评价方案。	根据学习目标科学设计并实施信息化教学评价方案，并合理选取或加工利用评价工具。
	尝试利用技术工具收集学生学习过程信息，并能整理与分析，发现教学问题，提出针对性的改进措施。	综合利用技术手段进行学情分析，为促进学生的个性化学习提供依据。
	尝试利用技术工具开展测验、练习等工作，提高评价工作效率。	引导学生利用评价工具开展自评与互评，做好过程性和终结性评价。
	尝试建立学生学习电子档案，为学生综合素质评价提供支持。	利用技术手段持续收集学生学习过程及结果的关键信息，建立学生学习电子档案，为学生综合素质评价提供支持。
学习与发展	理解信息技术对教师专业发展的作用，具备主动运用信息技术促进自我反思与发展的意识。	
	利用教师网络研修社区，积极参与技术支持的专业发展活动，养成网络学习的习惯，不断提升教育教学能力。	
	利用信息技术与专家和同行建立并保持业务联系，依托学习共同体，促进自身专业成长。	
	掌握专业发展所需的技术手段和方法，提升信息技术环境下的自主学习能力。	
	有效参与信息技术支持下的校本研修，实现学用结合。	

拓展阅读

2021年9月1日，中小学教师信息技术应用能力提升工程执行办公室根据《教育部教师工作司关于印发〈全国中小学教师信息技术应用能力提升工程2.0校本应用考核指南〉的通知》要求，印发了《中小学教师信息化教育教学微能力诊断指引》。该指引主要结合信息技术教学应用的最新发展研制，包括在多媒体教学环境、混合学习环境、智慧学习环境下应用信息技术进行学情分析、教学设计、学法指导和学业评价等30项微能力，用于指导各地开展教师信息化教育教学能力的诊断与评估，推动教师信息技术应用能力提升。

请大家扫描二维码，阅读《中小学教师信息化教育教学微能力诊断指引》中的"微能力诊断要点"，并评估自己已经具备了哪些信息化教学应用能力，还应提升哪些方面的能力。

《中小学教师信息化教育教学微能力诊断指引》

我已经具备的能力：_____

我需要提升的能力：_____

参考文献

[1] 焦建利. 教育技术学基本理论研究 [M]. 广州：广东教育出版社，2008.

[2] 巴巴拉·西尔斯，丽塔·里齐. 教学技术：领域的定义和范畴 [M]. 乌美娜，刘雍潜，等译. 北京：中央广播电视大学出版社，1999.

[3] 黄荣怀，沙景荣，彭绍东. 教育技术学导论 [M]. 北京：高等教育出版社，2006.

信息化教学设计

学习目标

- 理解教学设计的基本概念、过程
- 掌握课堂教学、在线教学、混合式教学设计的过程与方法
- 掌握课堂教学、在线教学、混合式教学设计方案的评价方法

知识导图

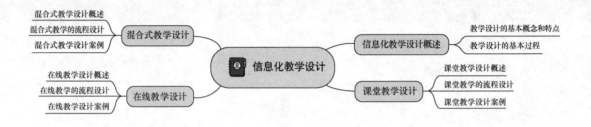

教学是教师的教与学生的学的统一活动,通过这种活动,教师有目的、有计划、有组织地引导学生积极、自觉地学习和掌握科学文化知识和技能,促进学生的素质全面提高,使他们成为社会所需要的人才。

教学是一个由多种要素构成的复杂的动态系统,该系统包括教师、学生、教学内容、教学媒体与资源、教学目标、教学方法、教学评价等。为使这些要素有机配合,达到效果的最优化,教师必须对它们进行整体的设计与安排,即进行教学设计。教学设计需要考虑为什么教、教什么、教到什么程度,以及如何教、教学效果如何等一系列问题。

2.1 信息化教学设计概述

教育技术为实现促进学习、改善教学的目的，需要运用各种理论及技术，对教与学的过程、资源进行设计、开发、应用、管理和评价。教学设计是教育技术的重要领域，也是中小学教学工作的重要组成部分。

2.1.1 教学设计的基本概念和特点

教学设计又称教学系统设计，是指主要依据教学理论、学习理论和传播理论，运用系统科学的方法，对教学目标、教学内容、教学媒体、教学策略和教学评价等教学要素和环节进行分析、计划并做出具体安排的过程。

教学设计是以解决教学问题、优化学习过程为目的的特殊设计活动，它既具有设计学科的一般性质，又必须遵循教学的基本规律。因此，它具有以下特点：

1. 目标性

教学目标是教学设计的核心，教学设计是围绕着教学目标展开的。教学活动的设计、教学媒体与资源的选择、教学策略的选择、评价方案的设计等活动都是围绕教学目标实施的。

2. 系统性

教学设计应用系统方法研究、探索教学体系各要素之间、要素与整体之间的本质关系，在设计中应全面考虑和协调要素之间的关系，使各个要素有机结合，形成教学体系。在教学设计中，如果不考虑影响教学效果实现的各种要素及其彼此之间的关系，那么设计的教学方案将无法实现其预期目标。

3. 层次性

教学设计的过程就是对影响教学效果的各个要素进行具体计划，其研究对象是不同层次的教与学系统，包括促进学生学习的内容、条件、资源、方法、活动等。一般来说，可以把教学设计分为三个层次：以"产品"为中心、以"课堂"为中心、以"系统"为中心。

4. 应用性

教学设计的目的是将诸如学习理论和教学理论等基础理论的原理和方法转换成解决教学实际问题的方案。它不是为了发现客观存在的、尚不为人知的教学规律而去创造性地解决教学中的问题，而是运用已知的教学规律去创造性地解决教学中的问题。教学设计的成果是经过验证的、能实现预期功能的教学系统实施方案，包括教学目标及为实现一定的教学目标所需要的教学活动、实施计划及相关的支撑材料。

5. 动态性

动态性体现在两个方面：第一，教学设计本身就是一个动态发展的概念，在持续吸取相关学科研究成果的基础上不断走向成熟和完善。第二，教学设计不是一蹴而就的，而是根据内容、学生、环境、实施情况等不断地"反馈—修正"的优化过程。

2.1.2 教学设计的基本过程

一个完整的教学设计过程一般包括若干环节：教学设计的前期分析、教学目标阐明、教学策略的制定、教学评价设计等。

1. 教学设计的前期分析

教学设计的前期分析的主要任务包括学习需求分析、学习内容分析、学生分析，旨在为后续的设计工作提供充分的依据，确保教学工作的科学化。

学习需求分析是以系统的方式找出学生当前的学习状态与所期望的学习状态之间的差距。其核心是了解问题的现状以及解决问题的必要性和可行性，并据此提出解决问题的方案。只有先明确问题，才可能找出适合的解决方案。

学习内容也称教学内容，是指为实现教学目标，要求学生系统掌握的知识、技能与行为经验的总和。学习内容分析需要根据课程标准、学生特点，规定学习内容的范围和深度，并揭示学习内容各部分之间的联系。

学生分析主要是为了了解学生的一般特征、初始水平和学习风格。学生的一般特征是指在学习过程中影响其心理、生理、社会角色的特点，包括年龄、性别、认知成熟度等因素。学生的初始水平是指在学习某一特定的内容时，其所具有的相关知识与技能基础，以及他们对这些内容的认识与态度。学生的一般特征、初始水平是集体教学活动设计的基础。学生的学习风格是学生持续一贯的带有个性特征的学习方式，是学习策略和学习倾向的综合，包括学生在信息接受、加工方面的不同方式，对学习环境和条件的不同需求，在认知方式方面的差异等。教师应关注学生的学习风格，特别是针对"特殊"学生，应给予适当的帮助、引导与鼓励。

2. 教学目标阐明

教学目标是学生通过学习后将能够做什么的一种明确、具体的表述，是学生学习将要达到的结果或最终行为，所以也被称为学习目标。教学目标是整个教学的终点，教学策略的制定、媒体的选择、学习效果的评价等都应围绕教学目标展开。

（1）布鲁姆的教学目标分类

美国教育家本杰明·布鲁姆等学者将教学目标分成三个领域：认知领域、情感领域和动作技能领域。在修改后的布鲁姆教学目标分类中，认知领域按照复杂程度由低到高分为记忆、理解、应用、分析、评价、创造；情感领域由低到高分为注意、反应、价值判断、组织化、个性化；动作技能领域按照动作协调程度分为模仿、操作、精确、连接。

（2）新课程改革的教学目标分类

2001年6月，教育部发布的《基础教育课程改革纲要（试行）》将教学目标分为：知识与技能、过程与方法、情感态度与价值观（称为"三维目标"）三个方面。知识与技能目标是指学生学习后应掌握的知识与技能。过程与方法目标是有关过程与方法的要求，强调在实践中学习；"过程"重在"亲历"，"方法"应是具体的而不是抽象的，应伴随着知识的学习、技能的训练、情感的体验。情感态度与价值观目标是对学生对待事物的基本看法与倾向性的要求。

2014年3月，《教育部关于全面深化课程改革，落实立德树人根本任务的意见》中首次提出"核心素养"的概念。核心素养来自三维目标又高于三维目标，核心素养是内在的，是从人的视角来界定课程与教学的内容和要求，而三维目标是由外在走向内在的中间环节。

2022年4月，教育部印发了《义务教育课程方案和课程标准（2022年版）》，强调在课程建设上以核心素养为导向，体现正确价值观、必备品格和关键能力，整合知识、技能、态度于核心素养之中，超越三维目标，落实核心素养，培养"有理想、有本领、有担当"的时代新人。

（3）阐明教学目标的方法

根据美国学者罗伯特·马杰的研究，教学目标由行为（Behavior）、条件（Condition）和标准（Degree）这三个要素构成。为便于记忆与使用，有学者在此基础上增加了受众（Audience）。

教学目标的 ABCD 要素，分别指：

A——受众，学生；

B——行为，即完成教学后学生的行为；

C——条件，即学生行为的条件；

D——标准，即学生行为的最低程度。

教学目标阐明要做到以下几点：

① 把握四个基本要素

一般认为，教学目标阐明有四个基本要素：行为主体、行为条件、行为、行为标准。如"二年级的学生（行为主体）能在 2 分钟之内（行为条件）做完 10 道口算题（行为），不能有错误（行为标准）"。当然，并非所有的教学目标呈现时都要包括这四个要素，有时为了陈述简便，会省略行为主体、行为条件或行为标准，前提是不会引起误解或多种解释。

② 明确行为主体

教学设计是围绕学生的学习展开的，是为了给学生的学习创设一个良好的外部条件与支持，教学的最终结果还要体现在学生的行为与表现上。因此，教学目标的行为主体必须是学生，而不是教师。许多教师习惯的"使学生……""提高学生……""培养学生……"等方式都不符合教学目标陈述的要求。行为主体"学生"二字尽管有时并未出现，但必须是隐含其中的。

③ 选好刻画行为的动词

在教学目标陈述中，行为是关键，一般可采用"行为动词+动作对象"的方式。例如：

（能）操作摄像机；

（能）利用乘法分配律做题；

（能）背诵韩愈的《早春呈水部张十八员外》并解释其含义；

（能）配平化学方程式；

（能）完成三步上篮。

下面是《义务教育语文课程标准（2022年版）》第二个学段（3~4年级）的【识字与写字】目标。

- 对学习汉字有浓厚的兴趣，养成主动识字的习惯。累计认识常用汉字 2500 个左右，其中 1600 个左右会写。有初步的独立识字能力。能用音序检字法和部首检字法查字典、词典。
- 写字姿势正确，养成良好的书写习惯。能用硬笔熟练地书写正楷字，做到规范、端正、整洁。用毛笔临摹正楷字帖，感受汉字的书写特点和形体美。
- 能感知常用汉字形、音、义之间的联系，初步建立汉字与生活中事物、行为的联系，初步感受汉字的文化内涵。

④ 说明结果产生的情形

说明结果产生的情形主要从两个方面入手。

第一个方面是指出结果行为产生的条件，即影响学习结果的特定限制或范围。条件一般包括下列因素：

- 环境因素（空间、光线、气温、室内外等）。
- 人的因素（个人单独完成、小组集体完成、在教师指导下完成等）。
- 设备因素（工具、图纸、说明书、计算器等）。
- 信息因素（资料、教科书、手册、笔记、词典等）。
- 时间因素（速度、时间限制等）。
- 问题明确性因素（为引起行为的产生提供什么刺激，刺激的数量如何等）。

第二个方面是指学习行为或学习结果所应达到的最低标准，可从行为的速度、准确性和质量三个方面来确定。例如，"1分钟内做25个俯卧撑"表明行为的速度，"用卡尺测量钢管壁的厚度，误差在0.3 mm以内"则规定了行为的准确性。除了行为动词上可以体现程度上的差异外，还可以用其他方式表明所有学生的共同程度。假如一道题有五种解题方案，但作为面对全体学生的标准，不能要求所有的学生都能给出五种解题方案，那么就可以这样陈述"至少写出三种解题方案""百分之八十的学生都能答出五种解题方案"等。

下列是包含了"行为主体""行为条件""行为""行为标准"的教学目标的实例：

【例1】小学一年级的学生（行为主体），能用心算（行为条件）解一位数加法的题（行为），在1分钟之内10道题答对8道（行为标准）。

【例2】上机结束后的学生（行为主体），能够在1分钟内（行为条件）输入60个汉字（行为），错误率不超过2%（行为标准）。

3. 教学策略的制定

教学策略是指为完成特定的教学目标而采用的教学方法、教学媒体、教学组织形式、教学活动程序等因素的总体考虑。教学策略解决的是教师"如何教"和学生"如何学"的问题，是教学设计的核心环节。

(1) 教学方法的选择

教学方法是与一定的教学目标和任务相关的具体操作程序，它规定了教学参与者在教学中的角色、不同角色间的相互关系以及每个角色的具体任务。常用的教学方法包括讲授法、演示法、提问法、示范法、讨论法、练习法、情境陶冶法、探究法等。教师需熟悉各种教学方法的规律与适用条件，根据学习内容特点、学生特征、学习目标要求等选择合适的教学方法或方法组合。例如，定位于知识的系统高效学习可采用讲授法，定位于问题意识的培养可采用提问法，定位于技能与方法的学习可采用示范法，而开放、发散性问题可采用讨论法，等等。

（2）教学组织形式的确定

教学活动是通过一定的组织形式实现的，不同的组织形式对教学活动能产生不同的影响。因此，我们需要根据不同组织形式的特点，扬长避短，在现有条件下优化组合。常见的教学组织形式包括集体教学、小组学习、个别化学习。

集体教学一般是以班级形式进行的，优点在于规模效益好、教学效率高、易于管理、有利于系统知识的传授。小组学习主要考虑在集体教学中学生之间的具体差异，教师需要灵活掌握教学进度与教学要求。个别化学习主要由学生个人与适合个别学习的教学材料发生接触，并辅以教师和学生之间的直接接触。随着学习资源的丰富化、网络应用的普遍化，基于计算机和网络的个别化学习越来越多。

（3）教学媒体的选择与使用

随着教育信息化的推进，教学媒体作为承载与传递信息的媒体，在教育中越来越普及，使用的频率越来越高，发挥的效能也越来越大。在进行教学设计时，我们需要根据教学需要选择、使用适合的教学媒体，促进教学目标的达成。同时，我们还需要考虑教学媒体的内容与形式、作用及使用方式，如表2-1所示。

表2-1 教学媒体的选择与使用

知识点	学习水平	教学媒体内容与形式	教学媒体在教学中的作用	教学媒体使用方式

（4）教学活动流程设计

教学活动流程即教学活动的顺序，可采用流程图或文字描述的方式呈现。其中，流程图可采用图示的形式，把复杂的教学过程分解为相对简单的环节，直观地表达教学过程，清晰地描述教学过程中教师、学生、学习内容、教学媒体等基本要素之间的关系。它浓缩了教学过程，层次分明、简明扼要、一目了然，是教师课堂教学过程的基本结构，如图 2-1 所示。

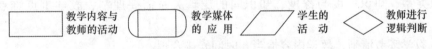

图 2-1 流程图的表示形式

4. 教学评价设计

教学评价是评估、检测学生是否达到教学目标及达标的程度。科学的教学评价是教学设计不可或缺的环节，可以据此了解学生在学习过程中存在的问题、进行师生间的反馈、调控教学进度与教学策略。评价可以有多种形式，常见的有测试、提问等。其中，测试以教学目标为依据，用来测量学生学习的达标状况。编制测试题就是确定测试的题型和内容。常见的测试题型有主观题和客观题两大类。

> 思考与练习
>
> 1. 教学设计需要完成哪些工作？
> 2. 根据所选专业，下载并研读相关课程 2022 年版的课程标准。

2.2　课堂教学设计

课堂教学是学校教育最重要和最基本的活动形式，是实现学校育人功能的核心环节。目前大部分课堂教学采用的教学组织形式为班级授课制。班级授课制是指把年龄和知识程度相同或相近的学生编成有固定人数的班级集体，按照各科课程标准规定的目标，组织课程内容和选择适当的教学方法，根据固定的时间表，向全班学生进行集体授课。课堂教学包含教师给学生传授知识和技能的全过程。常见的课堂教学活动有教师讲解、学生问答、操练与练习、教学媒体与技术手段应用等。

2.2.1　课堂教学设计概述

课堂教学是学校教育的主阵地，2019 年，《中共中央、国务院关于深化教育教学改革全面提高义务教育质量的意见》中明确指出："强化课堂主阵地作用，切实提高课堂教学质量""坚持教学相长，注重启发式、互动式、探究式教学，教师课前要指导学生做好预习，课上要讲清重点难点、知识体系，引导学生主动思考、积极提问、自主探究。融合运用传统与现代技术手段，重视情境教学；探索基于学科的课程综合化教学，开展研究型、项目化、合作式学习。精准分析学情，重视差异化教学和个别化指导。"

有效的教学设计是保证课堂教学质量的基础，因此，熟悉教学设计的基本原理与方法，按照课堂教学目标要求、结合课堂教学环境，进行科学的教学设计与资源准备，是每一位教师必须掌握的基本技能。课堂教学设计一般要做到以下几点：

（1）教材与学情分析细致、准确，教师要充分了解学生的认知规律、初始技能、学习风格等；教学目标应明确、具体、可操作，教师要设计体现核心素养的教学目标；知识点、知识类型、知识广度与深度、知识间的逻辑关系需要厘清；教学重点难点要符合实际。

（2）教学环节清晰，教学内容恰当，时间安排合理。

（3）教学方式多样，教学方法有效，科学设计体现自主、合作、探究的学习活动。

（4）教学活动设计既要面向全体学生又要体现个体差异，情境与任务设计应指向问题解决，充分发挥学生的主体性。

（5）选择、使用合适的现代化教学媒体与教学资源。教学媒体与教学资源应有助于呈现教学内容、调动学生积极性，能够帮助学生理解、掌握、应用知识。

（6）合理选用信息技术设备，促进学生学习、课堂交流和教学评价活动。

2.2.2 课堂教学的流程设计

1. 编写课堂教学设计方案

教师在开展课堂教学活动前的核心任务就是进行教学设计与教学资源准备。教学设计活动的最终成果是编写完整的课堂教学设计方案。编写课堂教学设计方案的过程就是以教学内容为核心,根据教学目标,合理选择和设计教学策略、教学活动、教学资源与教学评价,并最终通过教学设计方案得以体现。表2-2提供了课堂教学设计模板,以供参考。

表2-2 课堂教学设计模板

课堂教学设计模板

学科_____		授课年级_____		学校_____	教师姓名_____	
章节名称					计划学时	
学习内容分析						
学生分析						
教学目标						
教学重点						
教学难点						
教学设计思路						
教学媒体与教学资源的选择与使用						
知识点	学习水平	教学媒体内容与形式		教学媒体在教学中的作用		教学媒体使用方式
教学过程(可续页)						
教学环节	教与学的活动				设计意图	
课堂教学流程	□ 教学内容与教师的活动	○ 教学媒体的应用	▱ 学生的活动	◇ 教师进行逻辑判断		
教学评价设计						
教学反思						

2. 评价课堂教学设计方案

评价课堂教学设计方案可以从教学设计的各个要素展开，包括方案总体结构、学习内容分析、学生分析、教学目标阐明、教学媒体与教学资源的选择与使用、教学活动设计、教学评价设计等，如表2-3所示。在实践过程中，可以采用自评与小组互评的方式开展课堂教学设计方案的评价，教师可根据评价结果修改完善方案。

表2-3 课堂教学设计方案评价表

课堂教学设计方案评价表

内容	标准	优 (达到90%及以上)	良 (达到80%及以上)	中 (达到70%及以上)	合格 (达到60%及以上)	不合格 (达到60%以下)
方案总体结构（10分）	包含学习内容分析、学生分析、目标阐明、媒体与资源选用、设计思路阐明、教学活动设计、教学评价设计各要素，条理清楚、可调控。					
学习内容分析（10分）	包含知识点、知识类型、知识间的逻辑关系、教学重点难点，各个方面分析准确。					
学生分析（10分）	对学生的认知水平、学习起点、学习风格、学习动机与兴趣进行了全面、准确的分析。					
教学目标阐明（10分）	依据课程标准，全面、准确、清晰地分析了教学目标。					
教学媒体与教学资源的选择与使用（10分）	能根据教学内容、学生特征、教学目标等合理选用教学媒体与教学资源。					
教学活动设计（40分）	教学环节清晰，能够依据教学目标与教学内容合理设计教学活动，所设计的教学活动能够充分调动学生学习的积极性，满足学生学习需求，解决教学重点难点。					
教学评价设计（10分）	能够针对教学目标进行准确评价，评价方式多样、灵活。					
合计得分						

2.2.3 课堂教学设计案例

表2-4展示了某学校一位物理老师针对八年级"力"这一堂课设计的课堂教学设计方案。

表2-4 课堂教学设计案例

学科	物理	授课年级	八年级	学校	××	教师姓名	××
章节名称		第1节 力		计划学时		1	
学习内容分析		本节学习内容包括力的概念、施力物体与受力物体、力的作用是相互的、力的作用效果；本节学习内容与生活联系密切。					
学生分析		学生在生活中积累了较多关于力的经验，对力有一定的感性认识，但需要上升到理性认识；学生对物理实验非常感兴趣。					
教学目标		1. 能说出力的概念； 2. 能辨别不同情况下两物体间是否有力的作用； 3. 通过观察、分析具体的实例和实验，抽象概括出施力物体和受力物体的概念，并能确定施力物体和受力物体； 4. 能举例说出力的两种作用效果。 5. 通过观察、分析具体的实例和实验，理解"力的作用是相互的"，能用"力的作用是相互的"的规则解释生活中某些力的现象。					
教学重点		力的概念、施力物体与受力物体、力的作用是相互的。					
教学难点		力的概念、力的作用是相互的。					
教学设计思路		借助生活中的实例、物理实验等，让学生归纳出力的概念与规律；通过提问与练习，使学生加深对力的概念与规律的理解与掌握。					
教学媒体与教学资源的选择与使用							
知识点	学习水平	教学媒体内容与形式		教学媒体在教学中的作用		教学媒体使用方式	
力的概念	理解	视频：几种力的实例		反映事实、显示过程		设疑—演示—讲解	
施力物体与受力物体概念	理解	图片：施力物体与受力物体		反映事实、显示过程		设疑—演示—讲解	
力的作用是相互的	掌握	实验、视频：力的作用是相互的		反映事实、显示过程		设疑—演示—讲解	
力的作用效果	理解	图片：力的效果		反映事实		边播放视频边讲解	
教学过程							
教学环节		教与学的活动				设计意图	
课堂导入		教师："力"这个词对我们每个人来说都不陌生，在日常生活中我们常用到它。"力"也是物理学中一个重要的概念，今天我们来认识物理学中的力。 在屏幕上展示几种力的实例。（播放视频）				从现实情境引入课题，激发学生学习兴趣，启发学生思考。	

续表

	教师：刚才这几种现象的产生都是因为有力的存在。我们知道，人推车、人举重都伴随有肌肉紧张，这是人对力最早的认识，所以力的概念最初是由肌肉紧张而来的。请大家回想一下在生活中有哪些实例能体现力的存在？ 学生思考、回答问题。 教师选择适当的例子写在黑板上，并补充具有启发性的实例。 教师：你是怎样理解力的？ 学生自由发表自己对力的理解。 教师：现实生活中可谓处处都有力的存在，物理学是如何描述力的呢？	
力的概念、施力物体和受力物体的概念及其分析	教师：大家想想人推车、人举重、拔河这些例子有什么共同特征？ 教师引导学生归纳：都是人对物体施力。 教师：是不是只有人才能对物体施加作用呢？ 教师做实验，具体实施过程如下：用钩码压海绵，磁铁吸引铁钉。 教师引导学生归纳结论：物体对物体也能施力；有力存在时，一定有两个物体发生了某种作用。 教师：综合刚才的两个结论，你认为力的概念是什么？ 学生归纳力的概念，运用概念进行判断练习。 教师在屏幕上出示具体的施力物体和受力物体图片。（展示图片） 教师：现在我把上述有力存在的实例中的物体分为两组，请大家分析这两组物体有什么区别。 学生归纳施力物体和受力物体的概念，并进行练习。	学生通过分析日常生活中有关力的例子，从具体的物体推导到一般的物体，从具体现象推导出抽象概念。 运用概念进行练习，加深学生对概念的理解。 从具体的实例中分离出施力物体和受力物体，帮助学生理解概念。
力的作用是相互的	教师：通过学习，大家能辨别简单情况下的施力物体和受力物体，但实际上施力物体和受力物体的区分并不是十分严格的。 教师演示实验：磁铁吸引铁钉、铁块吸引小磁针。 学生亲身体验：用力拍桌子。 播放气球压气球、人站在滑板上推墙的片段。（播放视频） 教师引导学生归纳出——"力的作用是相互的"。教师带领学生分析两个具体的实例。 教师根据学生分析实例的情况决定教学的进程。	让学生通过观察实验、亲身体验和分析实例，经过思考后总结规则，培养学生分析问题的能力。 让学生在具体的情景中运用规则，增强知识迁移能力。
课堂小结	教师最后做课堂总结。	对学生新习得的知识进行强化，帮助学生形成概念图式。

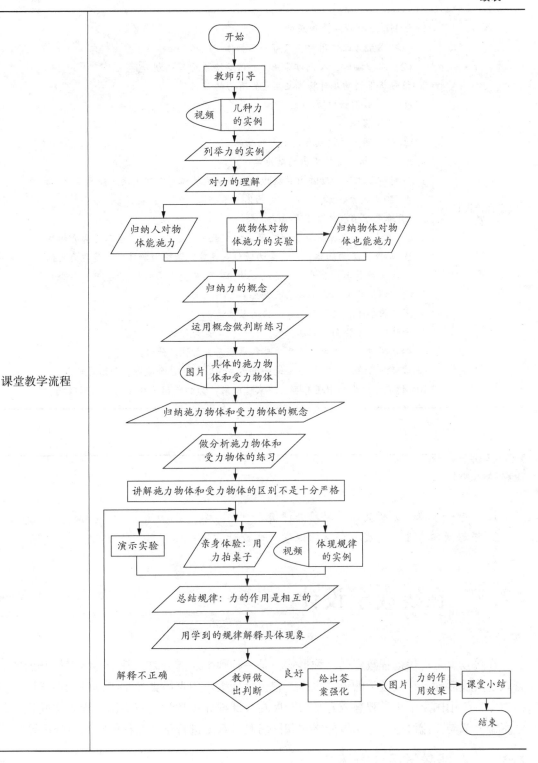

续表

教学评价设计	1. 请判断下列说法是否正确。 　（1）发生力的作用时，只有一个物体。（　　） 　（2）人推墙时，人先对墙施力，然后墙才对人施力。（　　） 2. 请分析下列的几对物体之间是否有力的作用。 　① 磁铁吸引铁钉 　② 苹果落地 　③ 任意两个并排放在桌子上的物品 　通过以上分析，你能得出的结论是：＿＿＿＿＿＿＿＿＿＿ 3. 针对脚踢球这一动作中的施力物体与受力物体，下列说法正确的是（　　）。 　A. 脚是施力物体，不是受力物体 　B. 球是受力物体，不是施力物体 　C. 因为力的作用相互抵消，所以它们既不是施力物体，也不是受力物体 　D. 脚既是施力物体，也是受力物体；足球既是受力物体，也是施力物体 4. 火车头拉着车厢前进，谁是施力物体？谁是受力物体？ 5. 请举例说明力的作用效果有哪些。 6. 用力推桌子，桌子动起来，力的效果是＿＿＿＿＿＿＿＿。 7. 游泳时，手脚向后划水，人就前进，这是为什么？ 8. 船在岸边，人用船桨推岸，船就离岸而去，这是什么原因？ 9. 玻璃杯落在地上，杯子给地一个力，同时杯子也会破碎，原因是什么？ 10. 你能说出生活中还有哪些现象可以用"力的作用是相互的"来解释吗？

> 思考与练习

1. 观摩一节课，分析其设计思路并评价。
2. 根据所学专业，完成一课时的课堂教学设计方案。

2.3　在线教学设计

在线教学是现代远程教育的一种形式，是一种师生时空分离、基于网络媒体开展的教育教学实践活动。在线教学的形式多样，它包括师生应用直播类教学工具进行在线同步直播教学、应用国家中小学智慧教育平台开展在线课程异步教学、应用网络学习空间进行教学资源分享与交流讨论、应用智能终端和网络测试系统进行学情数据的收集与分析等。

2.3.1　在线教学设计概述

互联网具有连通性、即时性等优势，以互联网为基础的在线教学拓宽了课堂教学的范围。与传统课堂教学相比，在线教学突破时空限制，支持优质教育资源的高效共享，拓宽师生互动渠道，为广大师生提供全新的教学体验，推动教育教学方式的创新。

在线教学采用了更灵活的教学组织方式，使得师生互动、教学评价、课堂组织管理等都有了新特征。教师进行在线教学设计时，应充分考虑教与学的要素，遵循"以学生为中心"、直观性、协同性等原则，选择合适的在线教学工具，提供丰富的教学资源，设计有效的教学活动，提供灵活的在线学习支持服务，以激发学生的学习兴趣，保障学生的学习效果。在线教学设计需要考虑以下五个方面：

（1）选择合适的在线授课工具。教师应充分考虑学生年龄与学科特点，选择合适的授课工具与互动平台。例如，面向低年级学生应尽量采用在线同步直播教学方式以进行实时互动，面向高年级学生则可以采用微视频自学和在线辅导相结合的在线课程异步教学方式。

（2）提供丰富的教学资源。除提供网络教学视频等资源外，教师还应根据需要为学生提供其他类型的教学资源，以满足学生开展在线自主学习、任务驱动式学习与个性化学习等需求，提升学生的自主学习能力。

（3）设计有效的在线教学活动。在线教学不是传统课堂教学的简单"搬家"，也不是"自由发挥"，更不是"在线表演"。在线教学活动强调线上参与、交互和协同，教师需要根据教学需要，有效设计多种课堂活动，引导学生深度学习，提升学生的学习体验。

（4）设计基于数据分析的教学评价。在线教学评价要充分发挥智能学习终端（或网络学习平台）的优势，面向学生设计有效的教学评价方式，并通过智能终端记录与收集学生学习的过程数据和测评数据，实现精准化教学分析与决策，为学生提供即时反馈和针对性指导。

（5）设计家校互动的管理策略。教师应充分利用各种社交网络工具，引导家长参与班级教学管理，让家长愿意配合学校与教师的教学安排，从而实现校内校外、课内课外教学的无缝衔接。

2.3.2 在线教学的流程设计

1. 编写在线教学设计方案

在线教学是在师生时空分离的基础上，借助网络技术开展多样化教学活动的过程。在教学设计中，教师需要根据教学目标，对教学内容、教学结构、教学流程等相关活动进行重构与创新，并积极为学生提供有效的在线学习支持服务。在线教学设计应包括学习内容分析、学生分析、教学目标、教学重点难点、网络授课策略与工具选择、教学过程与教学流程、教学评价、在线学习支持服务、教学反思等内容。其中：

（1）网络教学策略与工具的选择：如果是在线同步直播教学一般可以选择QQ群、腾讯会议、钉钉等工具；如果是异步录播教学，可以选择网络教学平台或社交网络工具等。

（2）教学评价：在线教学的评价形式可以是在线测试、在线讨论、作品评价、学习过程数据分析等；评价内容可以是测试题、作品、讨论内容、学习过程数据等。

（3）在线学习支持服务：主要指如何为学生提供有效的在线学习指导和支持，通过在线导学、督学、促学和助学等多种方式，确保在线教学的有序开展。

①导学：课程介绍、学习目标、学习指南、常见问题、课程推荐等。

②督学：学习进度提醒、课程信息提醒等。

③促学：以赛促学、以评促学等。

④助学：线上讨论、问题反馈、集中答疑视频或帖子等。

表 2-5 提供了在线教学设计模板以供参考。

在线教学
设计模板

表 2-5　在线教学设计模板

学科＿＿＿＿ 授课年级＿＿＿＿ 学校＿＿＿＿ 教师姓名＿＿＿＿			
章节名称		计划学时	
学习内容分析			
学生分析			
教学目标			
教学重点			
教学难点			
网络教学策略与工具的选择			
序号	教学内容	教学方式	工具
教学过程（可续页）			
教学环节	教与学的活动		设计意图
教学评价			
在线学习支持服务			
教学反思			

2. 评价在线教学设计方案

对在线教学设计方案的评价可以围绕教学设计的各要素展开，包括方案总体结构、学习内容分析、学生分析、教学目标阐明、网络教学策略与工具选择、教学活动设计、教学评价设计、在线学习支持服务设计等。在线教学设计方案的评价可采取教师互评与自评相结合的方式，从不同角度展开全面、客观的评价，如表2-6所示。

表2-6 在线教学设计评价表

内容	标准	优（达到90%及以上）	良（达到80%及以上）	中（达到70%及以上）	合格（达到60%及以上）	不合格（达到60%以下）
方案总体结构（10分）	包含教材分析、学生分析、目标阐明、网络教学策略与工具选择、教学活动设计、教学评价设计、在线学习支持服务设计等各要素，条理清楚且具有灵活性。					
学习内容分析（10分）	知识点、知识类型、知识间的逻辑关系、教学重点难点分析全面、准确。					
学生分析（10分）	对学生的认知水平、学习起点、学习风格、学习动机与兴趣进行了全面、准确的分析。					
教学目标阐明（10分）	依据课程标准，全面、准确、清晰地分析教学目标。					
网络教学策略与工具选择（10分）	教学策略与工具应用灵活，能够有效支持知识讲授、实时互动、合作探究、随堂测试等在线教学活动顺利开展，符合学生的信息素养水平。					
教学活动设计（30分）	教学环节清晰，能够依据教学目标与教学内容合理设计教学活动，所设计的教学活动能够充分调动学生学习的积极性，满足学生的学习需求，解决教学重点难点。					
教学评价设计（10分）	能够对教学目标进行准确评价，评价方式灵活多样。					
在线学习支持服务设计（10分）	能够设计各类在线学习支持服务，满足教师在线教学、学生在线学习、教师课后辅导等需求；能够通过导学、督学、促学和助学等服务，确保在线教学有序开展。					
合计得分						

2.3.3 在线教学设计案例

表 2-7 展示了某学校一位物理教师针对高一年级"功"这一堂在线课程的在线教学设计方案。

表 2-7　在线教学设计案例

学科	物理	授课年级	高一	学校	×××	教师姓名	×××

章节名称	第一节　功与功率中"功"		计划学时	1
学习内容分析	"功"这一节课选自人教版《物理（必修）》（第二册）第八章第一节，是"机械能守恒定律"一章中重要的知识点和后续课程的基础，也是高考常考的内容。能量是当今社会的热点话题，而功是能量转化的量度，直观表现就是一个力对物体做正功（负功），使这个物体的能量增加（减少）。功能关系问题是高考必选的内容，所以本节课不仅是本章教学的重点，也是高考考查的重点。 本节课主要在现有知识的基础上进行深化、细化，侧重于通过模型建构和理论分析，培养学生的思维能力，同时对摩擦力的做功情况进行拓展分析，提升本节课的内容深度。			
学生分析	学生在初中已初步学习了功的有关知识，包括功是能量转化的量度、功的定义、力做功的两个要素以及功的计算。经过高中一段时间的学习，学生对物理的理解和思考能力有所增强，但主要以抽象思维为主，所以对正功、负功比较难以理解。			
教学目标	1. 理解功的概念，了解做功的两个要素； 2. 明确功是标量，能够应用功的公式进行相关计算； 3. 理解正功和负功的物理意义。			
教学重点	1. 理解功的概念及正功、负功的意义； 2. 用功的计算公式解决实际问题。			
教学难点	公式 $W = Fl\cos\alpha$ 的推导方法及适用条件，正功、负功含义的理解。			
网络教学策略与工具的选择				

本节课主要借助钉钉开展在线同步直播教学，通过连麦功能实现教师与学生的互动交流，利用在线统计功能实现对学生课堂练习结果的即时统计。

依据教学内容，本节课主要采取探究式教学法，让学生亲自参与课堂教学并成为学习的主体，同时借助生活实例，使学生对知识由感性认识上升到理性认识。

序号	教学内容	教学方式	工具
1	新课引入	在线同步直播	钉钉
2	新课教学	实时视频互动	钉钉
3	课堂练习	在线测试	钉钉
4	拓展提升	在线测试	钉钉
5	课堂小结	在线同步直播	钉钉

教学过程	
教学环节	教与学的活动
新课引入	通过生活例子加深学生对功的两个要素的理解。

续表

新课教学	1. 引导学生推导功的一般表达式，锻炼学生理论推导能力和合作探究学习能力； 2. 加深学生对功计算公式的理解，以及对 α 的理解； 3. 通过三种情形的分析，引导学生总结力做正功和负功的各种情况，培养学生的分析能力。
课堂练习	使学生掌握并能灵活运用公式求功，锻炼学生快速判断正负功的能力，强化学生对功的计算公式的理解。
拓展提升	让学生理解滑动摩擦力和静摩擦力的做功。
课堂小结	回顾总结，加深理解。

教学评价

本节课主要通过课堂在线测试、在线讨论、个别提问等形式开展学生评价，学生可通过申请连麦或在聊天区发言等形式回答问题，借助钉钉在线统计功能对学生课堂练习的结果进行即时统计，以检测学生的掌握情况。

在线学习支持服务

本节课布置了课后作业，并要求学生通过钉钉提交，且本节课的教学过程将借助钉钉进行全程录制，以支持学生随时查看回放进行复习，更好地帮助学生开展线上学习进度提醒、课程信息提醒等。

思考与练习

1. 观摩一节在线教学课，分析其设计思路并对其进行评价。
2. 根据所学专业，完成一课时的在线教学设计方案。

2.4 混合式教学设计

混合式教学是指将面对面教学和在线教学两种模式有机地整合，以实现教学目标、提高教学成效的教学方式。混合式教学可以优化教学时间分配，拓宽教学空间，丰富教学手段，更好地实现个别化教学，同时也有利于培养学生的信息素养与数字化学习能力。混合式教学可以用于一节课，也可用于一门课程。近年来，在中小学课堂中广泛开展的翻转课堂就是一种典型的混合式教学模式。

2.4.1 混合式教学设计概述

混合式教学能充分发挥在线教学与面对面教学的优势，重新设计教学要素，使二者在相互渗透中达到无缝切换、多样对接。面对面教学直接高效，师生交流互动方便，能充分发挥教师引导、启发和监控教学过程的主导作用。而在线教学不受时空限制，增强了学生的自主性、灵活性和创造性，能够弥补面对面教学的不足，实现规模化教育与个性化培养的有机结合、在多样化学习情境中个性学习和深层次学习的有机结合。

翻转课堂作为一种典型的混合式教学模式，它以现代信息技术为支撑，以学生为中心，通过转换知识传授和知识内化所发生的场所和时间，改变了传统教学中师生的角色定位，促进了学生对知识的内化，充分调动起师生的积极性，使得教学的针对性也得到了提升，实现了对传统课堂教学的革新。同时，它也对教学设计提出了新的要求。

（1）以"先学后教"的理念为指导，重视课前学习资源的准备。为了取得更好的课前自主学习效果，教师除了为学生提供微课资源外，还应提供与微课资源配套使用的学习任务单和科学的学习指导，以便引导和帮助学生开展自主观看教学视频、完成学习任务单与基础知识的学习等课前学习活动。

（2）精心设计线上、线下相结合的教学活动。教学活动是翻转课堂的核心组成部分，翻转课堂需要建立在设计良好的教学活动的基础上。在翻转课堂中，课前主要进行以知识传授为主的线上自主学习活动，这种形式为师生争取了更多的课堂互动时间，同时也可照顾到学生的个体差异；课中教师针对课前的学习情况，利用好课堂时间组织讨论、交流、小组协作、个别答疑等活动，促进学生对知识的内化，这是翻转课堂的关键。

（3）设计整合传统教学评价和在线教学评价的混合式教学评价。翻转课堂的教学评价除了应用传统的课堂教学评价手段外，还应充分运用基于在线教学的学习分析技术。教师可以利用翻转课堂网络教学环境收集学生的学习过程数据，并利用学习分析技术对数据进行解释和分析，以有效诊断学生的学习问题，形成立体化的学习评价体系来评价学生的学习效果甚至评价学生的高阶能力，如批判性思维、协作交流和问题解决能力等。

2.4.2 混合式教学的流程设计

1. 编写混合式教学设计方案

混合式教学结合了课堂教学与在线教学的特点，因此其教学设计需要考虑的要素更多，更为复杂。混合式教学设计除了要遵循课堂教学设计和在线教学设计的基本原则外，还应综合考虑如何结合两者的特点设计混合式教学策略，充分发挥不同教学形式的优势，实现线上与线下教学内容、教学方式与教学评价等多种要素的优化组合。表2-8提供了混合式教学设计模板以供参考。

表2-8 混合式教学设计模板

混合式教学设计模板

学科_____	授课年级_____	学校_____	教师姓名_____	
章节名称			计划学时	
学习内容分析				
学生分析				
教学目标				
教学重点				
教学难点				

续表

课前学习设计

1. 微课的设计

课前学习目标	
重点难点突破策略	
教学过程	

2. 学习任务单

姓名：_____ 开始学习时间：_____ 结束学习时间：_____

（1）学习思考

序号	视频暂停时刻	思考问题	我的想法

（2）自主练习

课堂教学活动设计		
教学环节	教与学的活动	设计意图
教学流程图	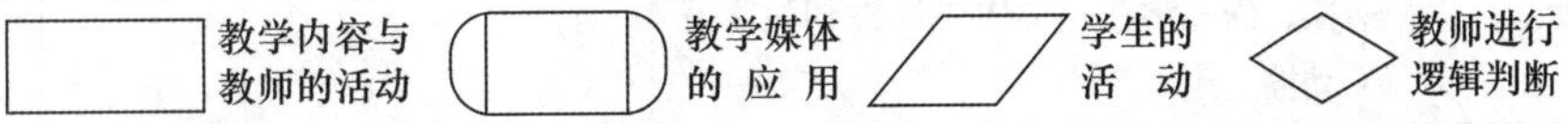 ▭ 教学内容与教师的活动　⬭ 教学媒体的应用　▱ 学生的活动　◇ 教师进行逻辑判断	
教学策略的选择与设计		
教学环境与资源设计		
教学评价设计		
教学反思		

2. 设计方案评价

混合式教学设计方案的评价围绕方案的总体结构、学习内容分析、学生分析、教学目标阐明、课前学习设计、课堂教学活动设计、教学策略的选择与设计、教学环境与资源设计、教学评价设计等方面开展，如表 2-9 所示。在实践过程中，可采用教师自评与互评相结合的方式开展教学设计方案的评价，并根据评价结果修改完善设计方案。

表 2-9 混合式教学设计评价表

内容	标准	优 (达到90% 及以上)	良 (达到80% 及以上)	中 (达到70% 及以上)	合格 (达到60% 及以上)	不合格 (达到60% 以下)
方案总体结构（7分）	包含教材分析、学生分析、目标阐明、课前学习设计、课堂教学活动设计、教学策略选择与设计、教学环境与资源设计、教学评价设计等基本要素，条理清晰，可调控。					
学习内容分析（8分）	对知识点、知识类型、知识之间的逻辑关系、教学重点难点分析准确。					
学生分析（8分）	对学生的认知水平、学习起点、学习风格、学习动机与兴趣进行全面、准确的分析。					
教学目标阐明（8分）	依据课程标准，全面、准确、清晰地分析教学目标。					
课前学习设计（18分）	提供的微课视频与学习任务单等预习资料具有指导性和针对性，能够有效引导和帮助学生完成课前学习。					
课堂教学活动设计（26分）	活动设计合理，能够衔接课前学习，教学流程完整，教学组织形式多样，能够引导学生开展自主、合作、探究学习，学生主体性和教学互动性突出。					
教学策略的选择与设计（7分）	能够依据教学特点、教学需求，选择恰当的线上线下教学策略，并具有较强的针对性。					
教学环境与资源设计（8分）	能够依据学生的认知特点与能力水平选择合适的教学环境与资源，辅助线上线下教学活动顺利开展，满足教师和学生的需求。					
教学评价设计（10分）	针对教学目标，评价方式多样、评价主体多元，并结合传统课堂教学评价手段与在线学习分析技术开展全面的教学评价。					
合计得分						

混合式教学
设计评价表

2.4.3 混合式教学设计案例

表 2-10 展示了某学校一位语文教师针对四年级《夜间飞行的秘密》这一教学内容的混合式教学设计方案。

表 2-10 混合式教学设计案例

学科	语文	授课年级	四	学校		教师姓名	
章节名称	《夜间飞行的秘密》				计划学时		1

学习内容分析	《夜间飞行的秘密》是人教版《语文（四年级）》（上册）中第二单元的一篇讲读课文。该册第二单元的课文以"大自然的启示"为专题，是对以前所学习的观察大自然、保护环境等专题的延伸与发展，并有新的内涵。在第二单元的课文教学中，教师要让学生了解一些新的科学知识，引导学生进一步关注自然、了解自然，在对自然的观察、了解、发现中受到有益的启示，同时发展学生的观察力、想象力。 《夜间飞行的秘密》是一篇讲述科学常识的说明性文章，介绍了仿生学的运用——科学家通过对蝙蝠飞行情况的研究，找出了蝙蝠能顺利飞行的原因，并从中受到启发，给飞机装上雷达，保障了飞机夜间飞行的安全。这篇文章告诉人们，研究生物可以对人类的创造发明有所启示。
学生分析	1. 初始技能：学生在此前已经学习过说明文的相关知识，掌握了阅读说明文的基本方法。此外，学生在第二单元的导读中，已经明白了本单元的学习重点是尝试从不同角度去思考，并提出自己的问题。在本篇文章第一课时的学习中，学生已基本掌握了生字词，了解了课文大意，因此学生在学习本篇课文时会自然而然地进行重点偏移。 2. 一般特征：四年级的学生开始从被动的学习主体向主动的学习主体转变，愿意主动表达和展现自我，因此，在教学过程中应该增加多种教学交互活动，提升学生的参与度，提高其积极性和主动性。 3. 信息素养：四年级的学生基本已经掌握了平板电脑的操作，并且愿意使用平板电脑进行学习，故教师可以利用翻转课堂来创新课堂形式，提供更多类型的学习资源，丰富学习诊断手段，让学生更加充分地参与教学互动。
教学目标	1. 学会从不同角度提问。 2. 能借助问题理解课文内容。 3. 通过参与小组讨论交流和汇报，提升表达能力与合作能力。 4. 通过文中三次实验的学习，体会说明文语言简洁、详略得当的表达特点。 5. 通过飞机夜间安全飞行与蝙蝠夜间探路之间的联系，以及其他仿生学的课外知识，了解人与自然的关系，学会爱护大自然。 6. 学会留心观察周围事物，保持探索科学的兴趣。
教学重点	学会从不同角度提问，能借助问题理解课文内容。
教学难点	能够尝试从内容、写法、联系生活等不同的角度思考，提出问题，并对问题进行归类。

续表

课前学习设计		
姓名：_____ 开始学习时间：_____ 结束学习时间：_____		
课前学习目标	（1）自主朗读课文，读准字音、读通句子。 （2）观看微课，进一步回顾第五课的提问方法。 （3）尝试运用第五课的提问方法，针对第六课进行提问。	
知识链接	（1）微课：针对课文内容从局部和整体提问题。 （2）教材：人教版《语文（四年级）》（上册）中第六课《夜间飞行的秘密》。	
预习导航	（1）我识记、我理解。 ① 认真读课文两遍，在"朗读训练"里完成测试。 ② 观看微课，明确第五课的提问方法：我发现有的问题是针对课文_____提的，有的问题是针对_____提的。 （2）我思考、我质疑。 默读课文，边读边思考能否运用第五课的提问方法对第六课进行提问，并完成以下内容：	
	个人问题清单	
	针对课文局部内容提问	针对全文提问
	（3）我收获、我评价。 ① 我能把字词读准，并能流利阅读课文。 ② 我掌握了第五课的提问方法，并能尝试运用。 （4）我质疑、我提问。 在朗读训练、观看微课以及完成任务的过程中，我产生了以下疑问：_____	

课堂教学活动设计	
教学环节	教与学的活动
课前检测 学情诊断	学生通过观看微课，结合课前任务学会尝试从不同角度对课文进行提问；通过课前流利且有感情地朗读课文来加深对课文的印象。
分析教材 引出课题	通过布置齐读课文任务使学生初步了解课文内容，加深对课文的理解，提高学生的参与度；通过布置单元学习任务，使学生尝试从不同角度提出问题。
复习旧知 查漏补缺	通过"畅言智慧课堂"的随堂检测功能检验学生对上节课生字词的掌握情况；利用统计功能发现学生的易错点，及时地调整课堂教学内容。
解决问题 理解课文	通过屏幕推送功能将题目推送到学生的平板电脑上，呈现出要解决的问题；通过随机选人功能，保证教学公平以及课堂的参与度；通过奖励，提高学生学习的积极性；通过微课视频，加深学生对课文的理解。

续表

厘清角度 梳理问题	通过让学生在平板电脑上圈画批注来提高学生课上的专注度；通过思考课前学生从不同角度提出的问题，了解他们思维的差异性；通过抢答、教学游戏等功能，提高学生的课堂活跃度，激发学生的学习兴趣。
小组合作 多维提问	通过准备小组问题清单，梳理小组提出的问题，方便拍照上传；通过拍照上传功能，查看小组合作交流结果，挑选典型问题进行讲解；通过展示功能，提高学生的课堂参与度，锻炼学生的语言表达能力。
总结所学 拓展延伸	通过游戏化教学方式活跃课堂氛围，检验学生的学习水平；通过总结本节课所学的课程内容，厘清思路、深化主题、强化记忆、内化知识。
课后探索 学以致用	通过引经据典，拓展学生的学习宽度，发散其学习思维；通过拍照上传功能完成课后习题，检验本节课的学习效果。

教学策略选择与设计

1. 探究式教学：在课中，通过提出问题，让学生通过自主思考、小组合作的方式探究问题，并让学生掌握从内容、写法、联系、启示等角度对课文提出多种多样的问题的方法。

2. 任务驱动式教学：在课前，通过给学生推送任务，让学生带着任务去阅读文章，去厘清蝙蝠与雷达的关系，锻炼学生边阅读、边思考的能力。

3. 翻转课堂：在本课的教学活动中，从教学资源来看，既运用了智慧课堂教学系统推送的微课、课前导学单等资源，又运用了线下个人问题清单、教材等资源；从教学活动来看，既有小组合作交流，又有线上互评、抢答等活动。这种线上与线下相结合的模式不仅丰富了课堂的教学形式，也提高了学生的学习兴趣。

教学环境与资源设计

1. 硬件：希沃白板5、希沃智能交互平板（教师机、学生机）。
2. 软件：希沃易课堂。
3. 资源：微课、个人问题清单、课前导学单、教学课件。

教学评价设计

依据评价的教学阶段，教学评价可以分为诊断性评价、形成性评价和总结性评价。

1. 课前：对学生的微课学习情况与课前导学单的完成情况进行诊断性评价。
2. 课中：通过随堂检测、课中汇报、作品评价等评价形式对学生的学习成果进行形成性评价，以及时调整课堂教学策略和教学方法，实现个性化教学。
3. 课后：对学生整节课的学习情况进行总结性评价，同时对本节课的知识点进行总结，以加深学生对知识点的印象，并让学生对自己的学习成效进行反思。

思考与练习

1. 观摩一节混合式教学课，分析其设计思路并评价。
2. 根据所学专业，完成一课时的混合式教学设计方案。

参考文献

［1］马秀芳，柯清超．新编现代教育技术应用（微课版）［M］．上海：华东师范大学出版社，2023．

［2］张剑平，李艳．现代教育技术［M］．5版．北京：高等教育出版社，2021．

［3］王陆．现代教育技术应用［M］．北京：高等教育出版社，2015．

第 3 章

教学媒体与信息化教学环境

学习目标

- 了解教学媒体的含义及表现形态
- 了解教学媒体的作用、分类、特性与功能
- 能利用常用的教学媒体进行教学
- 了解多媒体教学系统的组成及教学应用方式
- 掌握交互式电子白板的基本功能和教学应用
- 能阐述电子书包的含义和基本功能
- 了解智慧教室的组成模块和基本功能

📑 **知识导图**

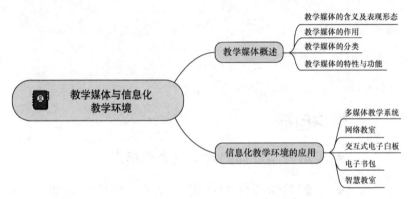

当今时代，我们不仅可以坐在明亮的教室里上课，还可以通过网络课堂来学习，甚至还能够通过太空课堂来学习。2013 年 6 月 20 日，神舟十号航天员王亚平在聂海胜、张晓光的协助下进行了首次太空授课。2021 年 12 月 9 日，随着中国空间站的建成，神舟十三号航天员翟志刚、王亚平、叶光富首次在中国空间站的"天宫课堂"进行太空授课。太空授课活动不仅展示了我国航天科技的实力，也极大地激发了青少年对航天科技的兴趣和热爱。通过直观的太空实验和生动的讲解，青少年能够更深入地了解太空环境的特点和物理规律，拓宽了科学视野。我国已经进行了多次太空授课活动，这是综合运用现代信息技术、借助现代媒体手段而得以实现的。本章我们就来了解、学习在教育教学中常见的一些媒体，便于我们在学习和教学中更好地使用它们。

3.1　教学媒体概述

随着人类社会的不断进步和发展，信息的交流和传播与人们的工作、学习和生活日益密切，并加速渗透到人类社会活动的各个领域。在 21 世纪，信息已经成为一种重要的资源。在信息的交流与传播过程中，媒体起着重要的作用。在我们平时的教育教学中，若离开了教学媒体的支持，教学效果将大打折扣。

3.1.1　教学媒体的含义及表现形态

1. 媒体的含义

在信息传播过程中，媒体是指携带和传递信息的物质工具或载体，也可以把媒体看作实现信息从信息源到信息接收者之间的一切技术手段。

媒体有两个层面的含义：

（1）承载信息所使用的符号系统，如语言、文字、符号、声音、图像、视频等，也可以理解为信息的不同表现形式。

（2）存储和加工、传递信息的实体，如书本、挂图、投影片、计算机磁盘、光盘、移动硬盘，以及相关的播放、处理设备等，即信息的物理载体。

2. 教学媒体的含义

教学媒体是媒体的一个衍生概念，是指媒体在教育教学活动中的应用。因此，教学媒体就是指在学习和教学过程中，携带和传递教学信息的物质工具或载体。教学信息必须借助一定的教学媒体才能进行传授（传播）。

教学媒体用于教学信息从信息源到学生之间的传递，具有明确的教学目的、教学内容和教学对象。教学媒体是教学系统的重要组成部分，构成了教与学的资源环境。随着科学技术的发展，在信息技术被普遍应用的今天，教学媒体在现代课堂教学中得到了广泛而深入的应用，给教育教学带来了深远的影响。

3. 教学媒体的表现形态

从外在形态来说，教学媒体包括硬件和软件两种表现形态。

（1）硬件

教学媒体中的硬件是指用于记录、存储、传输和呈现教学信息的物理设备。这些设备通常是可见的、可触摸的，并且需要物理连接或安装才能使用。例如，幻灯机、投影仪等视觉呈现设备，录音机、音响等声音设备，以及硬盘、光盘等存储设备。

（2）软件

教学媒体中的软件是指用于处理、组织和呈现教学信息的程序和数据。与硬件不同，软件是无形的，它运行在硬件设备上，通过指令和算法来实现特定的功能。例如，为其他教学软件提供运行环境和基础支持操作系统，各类教学软件及学习管理系统，等等。

在教学活动中使用媒体一般需要硬件和软件恰当组合、配套使用，才能更好地发挥媒体在教育教学中的作用，进而有效地优化教学。

> 思考与练习
>
> 云盘属于媒体的哪种表现形态？数字化的电子课本又属于哪种表现形态呢？

3.1.2 教学媒体的作用

加拿大著名的传播学者马歇尔·麦克卢汉在其著作《理解媒介：论人的延伸》一书中提出"媒介是人的延伸"。他认为，"媒介是人体功能的延伸"，如文字与印刷媒介以及摄影机是眼睛及视觉的延伸，无线广播是耳朵及其听觉的延伸，传声器是嘴的延伸，电话是嘴和耳功能的延伸，电视则是全身感官及触觉的延伸，电脑是人脑的延伸等。麦克卢汉最著名的警句"媒介即是信息"，强调了任何传播媒介的使用产生的冲击力，远远超过它传播的特定内容的重要意义；其早期提出的"地球村"概念通过广播电视、互联网已经变为现实。由此可见，不同媒体对信息接收者的感官刺激有所不同，在信息传播中的作用也有所不同，媒体在信息传播过程中具有十分重要的作用。教学媒体在现代教育教学中扮演着重要的角色，其作用如下：

1. 扩大教学规模

早期的广播教学可以扩大听众范围；如今，网络学习、远程教学、移动学习已经成为常态，如课堂直播教学、MOOC 等可以让分布在世界各地的学习者参与教育活动，能够较好地实现终身学习的理念。

2. 提高教学质量

从"互联网+教育"到"人工智能+教育"，智能技术与课堂教学日益深度融合，现今的网络学习、移动学习给千千万万的学生带来便利。智慧教育给广大师生的教与学从内容呈现到作业的评价、反馈和互动等方面带来多样化的精彩体验。虚拟现实技术可以使学生产生身临其境的动态感受，使学习内容变得更加生动；形象、具体，春天的鸟语花香、浩瀚的宇宙、神秘的微观世界等都可以一一展现在眼前，抽象的知识变得活灵活现；学生还可以模拟操作，和影像中的物件互动。这些教学媒体极大地激发了学生的学习兴趣和探索未来的愿望，使得他们的观察、思考、判断、反应、实践能力显著加强，有助于学生对知识的全面理解和应用。

3. 改变教学模式

传统的教学一般是课堂上教师讲、学生听、黑板加课本的模式，现今的教学借助智能技术可以实现多媒体教学、网络教学、智慧教学、虚拟实验，可以呈现精彩纷呈的教学内容，学生可以更好地观察发现、拓宽视野、参与互动，在活跃了课堂氛围的同时，学生的思维也得到了启发，进而有助于形成融洽良好的师生关系。

4. 改进教材结构

传统的教材只是一本纸质的书籍，而基于信息技术的教材，拥有丰富的数字化教学资源，用手机扫描印刷在教材上的二维码就可以看到视频影像和丰富的网络资源，极大地拓展了知识的形式和范围。

总之，教学媒体对激发学生的学习兴趣、加深其对知识的理解与掌握等具有显著的作用，对改善教学效果、提高教学质量等也具有重要的意义。

> **拓展阅读**

　　2013年6月20日，我国首次实现太空授课，地面课堂与太空讲台成功连线，天宫一号上的航天员讲解、演示了牛顿第二定律等基础物理原理，并与地面课堂的师生进行了互动交流，全国有6000多万名中学师生通过电视直播实时观看了这次太空授课（见图3-1～图3-3）。奇妙的太空实验极大地激发了中学生们学习物理的兴趣，也激发了无数青少年的科学梦想和探索精神。

图3-1　神舟十号航天员太空授课场景

图3-2　神舟十号太空授课示意图

图3-3　云南分会场学生收看天宫课堂

> **思考与练习**

　　你知道我国进行过几次太空授课吗？请将信息填写在下表中。

表3-1　中国太空授课历程

名称	主讲教师	授课地点	授课内容

43

3.1.3 教学媒体的分类

随着科学技术的不断进步，教学媒体的种类越来越多。

目前，教学媒体有多种分类方式。按产生的时代划分，教学媒体可分为传统媒体和现代媒体；按呈现信息的形态和特点划分，教学媒体可分为印刷媒体和非印刷媒体；按传递信息的流动方向划分，教学媒体可分为单向媒体和双向（交互）媒体；按媒体的组合方式划分，教学媒体可分为单项媒体和多项媒体（或多媒体组合系统）；按作用于人的不同感官划分，教学媒体可分为视觉媒体、听觉媒体、视听综合媒体和交互媒体；按照技术特点划分，教学媒体可分为数字媒体和非数字媒体，等等。

本书主要结合不同时代和不同感官分类法对教学媒体进行综合分类，如图3-4所示。

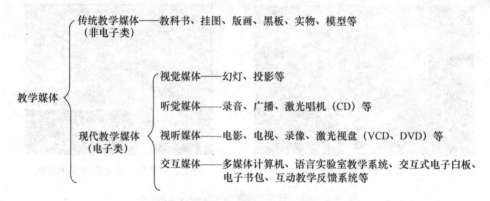

图 3-4 教学媒体的分类

现代教学媒体与传统教学媒体相比，具有记录信息方便并且可以重复记录、传播速度快、存储量大、再现容易等特点。其优势主要体现在以下方面：

1. 形声性

现代教学媒体主要以图像和声音的形式有效地传递教学信息，它提供的图像和声音是一种替代经验，能使教育教学内容接近客观事物的本身，具体、生动、形象地作用于学生的感官，能有效地激发学生的学习兴趣，加速其感知和理解事物发展变化的过程。因此，在教学中，教师要充分发挥现代教学媒体的形声性这一优势，要求学生眼耳并用、视听并举，增强学习效果。

2. 再现性

运用现代教学媒体再现事物，既可以源于事物，又可以超越事物，并且具有极其丰富的表现力。它能根据教学需要，将所要表现的具体事物在虚实、快慢、大小、远近、局部和整体之间相互转换和变化，使教学内容所涉及的事物、现象、过程（如火箭升空、航天活动、天体天象、历史事件、异国风光、生物细胞和物质的微观结构等）不受时间和空间限制，再现于课堂，引导学生观察、思考、发现、理解和掌握，使教学内容向更广、更深的方向发展，从而实现深度学习、有效学习。

3. 先进性

现代教学媒体设备功能齐全，能满足教学中的各种需要。现代的网络教室、微格教室、虚拟现实实验室、智慧教室、全息教室等日益微型化、自动化和智能化，还可以开展高效互动、模拟真实情境，给教学带来了极大的便利，使学生的学习效果得到显著提高。

思考与练习

你所了解的媒体分类方式有哪些？请将信息填写在表3-2中。

表3-2　媒体分类方式

分类依据	分类方式	主要特点	举例
产生年代	传统媒体		
	现代媒体		

3.1.4　教学媒体的特性与功能

随着社会的不断发展和科技进步，种类繁多的媒体在教学中得到广泛应用。各种不同的媒体虽然功能有所不同，但从本质上来说，都具有工具的属性，能够帮助人们达到各种感官的延伸，从而实现信息的有效传递。

1. 教学媒体的特性

教学媒体的特性是指教学媒体的特有属性和特征，它主要体现在以下五个方面：

（1）表现力

表现力是指教学媒体表现事物的空间特征、时间特征和运动特征的能力。例如，电影、电视以活动的图像呈现正在变化中的过程和动向，体现事物和现象所包含的时间因素和空间特征等；交互媒体、智能媒体可以展示三维立体影像，方便学生充分感知事物的全貌等。

（2）重现力

重现力是指教学媒体不受时间和空间的限制，具有将信息内容再现的能力，包括即时重现和事后重现。例如，2013年6月20日我国首次实现太空授课科学试验教学活动，多年以后我们还可以重新播放当年航天员授课的视频画面，这就是属于事后重现。

（3）接触面

接触面是指教学媒体把信息同时传递到学生的范围，包括有限接触和无限接触。例如，使用投影仪、播放录像、板书只能将信息传播的范围限制在一定的空间（教室）内，而网络远程教育的学生可以遍及全球的不同国家和地区。

（4）参与性

参与性是指教学媒体在发挥作用时，学生参与活动的机会，包括情感参与和行为参与。例如，通过多媒体网络教室、虚拟现实媒体、交互式电子白板等教学媒体，学生不仅可以实现情感参与，还可以亲自操作实现行为参与，从而获得充分的感知体验。

（5）受控性

受控性是指教学媒体使用者操纵的难易程度。例如，教师在黑板上可以很简单地进行板书、绘画、修改，而交互式电子白板、电影机、激光投影仪、视频展示台等媒体相对来说操作上有一定的难度，需要使用者掌握一定的操作技能。

不同的教学媒体在教学过程中表现出来的教学功能各异，在运用教学媒体时，应具体分析每种媒体的教学特性和功能，恰当选择，在使用中注意扬长避短。常用教学媒体的特性比较如表 3-3 所示。

表 3-3 常用教学媒体的特性比较

教学特性		媒体种类											
		教科书	板书	模型	广播	录音	电影	电视	录像	计算机	投影仪	视频展示台	交互电子白板	其他
表现力	空间特性	√		√	√	√	√	√	√	√	√	√	√	
	时间特性	√	√		√	√	√	√	√	√		√	√	
	运动特性						√	√	√	√		√	√	
重现力	即时重现		√			√		√	√	√	√	√	√	
	事后重现	√		√		√	√	√	√	√	√	√	√	
接触面	有限接触		√	√			√			√	√	√	√	
	无限接触	√			√			√						
参与性	情感参与				√	√	√	√	√	√	√	√	√	
	行为参与	√	√	√						√	√	√	√	
受控性	容易控制	√	√	√			√			√	√	√	√	
	难以控制				√		√	√						

思考与练习

请参照表 3-3，列举你知道的一种教学媒体，分析其特性，并将信息填写在表 3-3 "其他"一列中。

2. 教学媒体的功能

（1）视觉媒体的教学功能

视觉媒体可以形象、具体、直观地呈现静止的画面，供学生直接观察感受，有利于学生形成感性认识。

（2）听觉媒体的教学功能

听觉媒体能够播放声音信息，常用的听觉媒体有录音机和 CD 等。听觉媒体经济实用，操作简便。听觉媒体的教学功能主要体现在以下几个方面：

① 可以根据需要自主播放，还可以自制录音教材。

② 录音教材用于广播，能进行远距离教学，扩大教学规模。

③ 在课堂教学中提供效果逼真的录音材料，能帮助教师解决课程中的某些难点，如乐器的音色辨别、声调的高低等；利用录音材料还可以创设情境、渲染氛围、激发情感、引人入胜。

④ 利用录音可以范读课文、欣赏音乐、陶冶情操，在英语学习的听力与朗读训练中录音的使用尤为重要，对培养学生的听说能力发挥着重要作用。利用听觉媒体还有利于进行个别化学习。

（3）视听媒体的教学功能

视听媒体能够在呈现视觉信息的同时播放声音信息，声画并茂，视听结合，表现力丰富。视听媒体的教学功能主要体现在以下几个方面：

① 视听媒体播放动态的画面与声音，能够提供丰富多彩、生动形象的感性材料，有利于学生对教学内容的感知和理解。

② 视听媒体可以突破时间与空间的限制，多视角、多手法表现宏观与微观、瞬间与漫长的过程与事物，有利于学生的观察和思考，丰富知识，扩展视野。

③ 视听媒体通过声情并茂的画面和多变的技术手法，激发学生的学习兴趣，调动其学习的积极性。

④ 视听媒体播放的活动画面和逼真的声音可以创设教学情境，使学生犹如身临其境，有效激发学生情感，有利于强化教学效果。

（4）交互媒体的教学功能

交互的基本含义是互相、彼此、替换，在计算机中是指参与活动的对象可以相互交流，双方面互动。交互是一个双向的信息传送过程。学习中的交互是教学系统与学生之间，包括相关信息交换在内的、实时的、动态的、相互的交流。简单地说，具有交互功能的媒体叫作交互媒体。交互媒体能够借助人机交互技术，通过计算机输入输出设备，以有效的方式实现人与计算机的对话。

交互媒体具有先进性、高效性，人机交互是其显著特点。例如，多媒体计算机呈现信息多样性、集成性、交互性的特点，在现代教学中深受广大师生的青睐。交互媒体的教学功能主要体现在以下几个方面：

① 具有记忆、存储信息的功能，检索信息迅速，方便教学。

② 能够按照预先的设计自动运行程序，有利于实现个别化教学。

③ 具有即时输入和呈现信息的功能，便于师生之间的信息交流。

④ 超文本功能可以实现对教学信息最有效的组织与管理。

⑤ 人机交互的多媒体形式，有利于促进学生多种感官接收信息刺激，有效激发学生的学习兴趣与探究的欲望，充分发挥其想象力与创造力。

总之，在传授知识、培养技能和开发智力、转变态度等方面，每种媒体都有各自的功能和特点，不存在对任何信息、对任何学习都适用的"超级媒体"和"万能媒体"。在实际教学中,教师应根据具体的教学任务,灵活、恰当地选用媒体。教师在教学中既不能否认传统教学媒体,也不能片面追求教学媒体使用的数量和种类;而是要从教学实际出发,注意传统教学媒体和现代教学媒体恰当地结合,做到扬长避短、优势互补,以实现教学过程的整体优化。

> **思考与练习**

搜集本专业教学案例,分析在本专业教学中使用教学媒体的必要性。

3.2 信息化教学环境的应用

随着信息技术的飞速发展,越来越多的现代媒体在教学中得到广泛应用。信息技术与课程教学深度融合正成为当代教育工作者努力的方向。

3.2.1 多媒体教学系统

多媒体教学系统(如图3-5所示)是指由多媒体计算机和外围设备组成的用于多媒体教学的系统。多媒体教学系统用于课堂教学,可通过文字、图形图像、视频和动画等多媒体信息的演播来展示事实、模拟过程、创设情境,开展多种模式的教学。

图3-5　多媒体教学系统

多媒体教学系统主要由以下四个部分构成:

1. 投影系统

投影系统主要负责将图像或实物放大并且投射到一定距离的屏幕上。常用的投影系统设备有投影仪、幻灯机、银幕。其中,投影仪(如图3-6所示)连接着计算机系统、所有视频输出系统及视频展示台,把视频信号、数字信号输出显示在大屏幕上。

图 3-6 投影仪

在使用投影仪时需要注意以下几个方面：

（1）投影仪在开机时，有 10 秒的预热过程，这期间不要频繁开关机；关闭投影仪时，要先等到散热风扇停止运行之后再关闭总电源。

（2）投影仪进入工作状态后不能移动。投影仪在工作时温度迅速上升，灯泡两端的电压和灯泡内的大气压很高，此时移动投影仪很容易发生事故。

（3）投影仪信号线的长度应控制在 15 米以内，防止信号线过长而导致信号衰减，造成投影偏色。

2. 多媒体设备

多媒体设备主要负责制作多媒体课件、播放多媒体课件、播放音视频动画。常用的多媒体设备有多媒体计算机、视频展示台、录像机、影碟机等。

其中，视频展示台（如图 3-7 所示）是一个图像采集设备。透明投影片、幻灯片及印刷材料、实物与模型等放在视频展示台上，可以通过投影仪投影在屏幕上，并可以通过调焦和变焦按钮调整放映图像的虚与实、远与近、大与小。

图 3-7 视频展示台

在课堂教学中，利用视频展示台可以放映普通的（透明）投影胶片，起到传统幻灯机、投影器的作用；可以展示图片、文字资料及简单的模型或教具，如课堂上展示图书、学生作业等教学材料；可以在视频展示台上直接进行一些小型的理化实验演示，放大的影像投射到大屏幕上，让每个学生都能观察得更清晰；生物、医学类的知识也可以通过展示台镜头（显微镜头等）的配用，让学生观察到被放大的图像。图 3-8 展示了视频展示台的教学应用。

图 3-8　视频展示台的教学应用

随着现代科技的飞速发展，目前视频展示台的设计越来越趋于紧凑和一体化，呈现出体积小、功能多的特点，使用起来也更加方便灵活。视频展示台还可以通过配套交互智能平板或者集成智慧黑板，实时将教材内容、学生作业或者试卷投放到大屏幕上，方便教师讲解、批注。视频展示台在现代课堂教学中的应用十分普遍。

3. 扩音系统

扩音系统主要负责声音的输入、输出、放大、混合等。常见的扩音系统设备有调音台、功率放大器、话筒、音箱、录音机、CD 机等（如图 3-9 所示）。

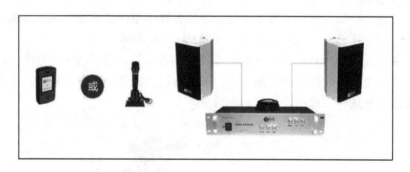

图 3-9　扩音系统常见设备

在教学过程中，教师最常用的扩音设备是话筒，在使用话筒时需要注意以下几个方面：

（1）在使用话筒时切忌以敲击或者吹气的方式进行试音。

（2）话筒不要过于靠近扬声器或者正对扬声器，否则容易引起杂音。

（3）如果说话时有类似"噗噗"的杂音，可以采用防风罩来减小这种噪声，或者将话筒适当偏离嘴部。全指向型话筒不仅能减小"噗噗"声，还能减小说话者的齿音和呼吸噪声。

4. 中央控制系统

中央控制系统采用系统集成的方法，可以对整个多媒体教学系统的设备进行统一管理和操作，如图 3-10 所示。中央控制系统可以简化教师的操作，增强媒体设备的易用性。

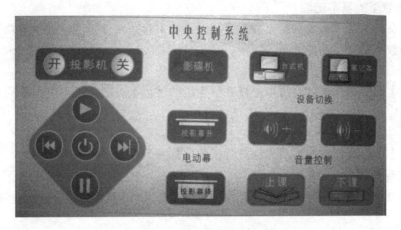

图 3-10 中央控制系统

3.2.2 网络教室

网络教室又称多媒体网络教室,是指分布在一个教室范围内,用于课堂教学的计算机局域网络。在现代化的教育环境下,网络教室在学校教学中应用比较广泛,一些注重操作性、体验性的学科知识内容需要安排在网络教室中学习。学生每人一台计算机,有充分的机会动手操作练习,可以利用服务器或网络上的资源辅助学习。

1. 网络教室的基本构成

网络教室就是通过交换机和网线把教室里的所有计算机连在一起,并选择一台配置较好的计算机做服务器,用来存放教学资源库,供各个客户机使用共享资源及进行用户管理等。网络教室主要由 1 台教师机、若干学生机、若干交换机(交换机的数量需要根据网络教室中计算机的数量来确定)及 1 台服务器组成,其中教师机也可以兼做服务器。网络教室的构成如图 3-11 所示。

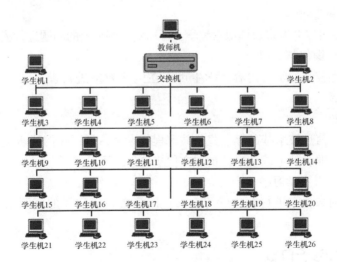

图 3-11 网络教室的构成

2. 网络教室的基本功能

随着信息技术的飞速发展,出现了多种网络教室管理软件,网络教室的功能也越来越强大。网络教室的基本功能如下:

(1) 屏幕广播

教师机上的屏幕操作内容可以呈现在学生机的屏幕上,教师机也可以单独对某台学生机进行屏幕广播。

(2) 学生演示

学生机上的屏幕操作内容可以在教师机的屏幕上呈现。

(3) 监控转播

教师机可以监控学生机屏幕上的操作,也可以把某台学生机的屏幕内容转播给其他学生机。

(4) 远程控制

教师机可以对学生机实行远程控制,如进行锁屏、黑屏、关机等远程操作。

(5) 电子点名

通过在学生机屏幕上弹出一个活动窗口,让学生在该窗口的文本框中输入学生机 ID 信息,如学号、姓名及班级信息等实现电子点名。

(6) 文件分发

文件分发即文件传输,教师机可以向学生机分发文件或收取文件。

(7) 在线考试

教师编制好试题后通过教师机统一发送至学生机,学生在学生机上进行答题。在学生提交完答案后,教师机上可以看到学生的答题结果及测试成绩的统计情况。

此外,网络教室还有分组讨论、教学和管理,语音广播和对话,以及屏幕录制、网络影院、视频直播、共享白板等多种功能,极大地方便了广大师生的教与学。

3. 网络教室的应用形式

网络教室可以有效完成多种教学任务,其应用形式主要有以下几种:

(1) 多媒体课堂教学

利用网络教室可以开展多媒体课堂教学,可以对一些突出的问题进行集体演示、讲解。

(2) 学生进行操作与练习

对一些操作性较强的学习内容,学生可以在网络教室进行操作和练习,如计算机应用、会计电算化等。

(3) 网络考试

如大学英语、信息技术基础等一些公共课程的考试,可以在网络教室进行,学生在答完题提交后可以立即看到考试结果,更加方便快捷、公平公正。

(4) 学生进行自主学习

学生可以在网络教室进行自主学习,通过网络查找所需要的资源来更好地完成课程作业。

3.2.3 交互式电子白板

1. 交互式电子白板概述

交互式电子白板是连接计算机与投影仪,由电子感应白板、感应笔等硬件及电子白板操作系统构成的具有人机交互功能的一种输入输出设备。交互式电子白板的基本组成部分如图 3-12 所示。

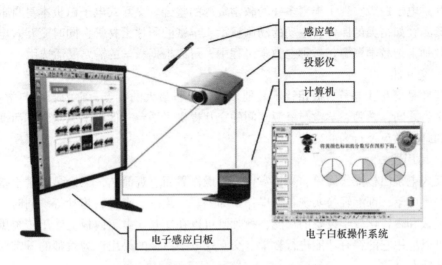

图 3-12　交互式电子白板的基本组成部分

电子感应白板是一块具有触摸、控制功能的白板，计算机屏幕通过投影仪投影在白板上，使用者用感应笔或手指就可以在白板上操作计算机。使用者在白板上对信息所做的修改会传至计算机并保存。若计算机可以上网，白板则会显示打开的网页。

交互式电子白板教学应用场景如图 3-13 所示。

图 3-13　交互式电子白板教学应用场景

2. 交互式电子白板的特点

交互式电子白板不仅可以提高师生在课堂中的互动性，而且使得知识的展示形式更具有趣味性，从而激发学生的学习兴趣。交互式电子白板具有以下特点：

（1）集成性

交互式电子白板是当前课堂教学环境中技术的最佳集成者，它将传统的黑板与计算机技术、网络技术和多媒体技术有机地结合在一起，技术的集成性加强了现代化教学设备的功能，使师生使用起来更加便利。

（2）整合性

交互式电子白板实现了丰富多样的教学资源的整合。交互式电子白板本身自带有丰富的教学资源，如精美的课件、生动的动画演示、丰富的图片素材等，同时交互式电子白板还支持教师上传教学资源。教师在教学过程中，可以根据教学的需要灵活选用。

（3）交互性

交互性是交互性电子白板相较于其他多媒体设备最大的特点，它为教师与学生之间，学生与学生之间，教师、学生与资源之间的交互提供了平台，促进了课堂教学活动形式的多样化和师生角色及行为的变化。

（4）易用性

交互式电子白板操作简单，易于掌握。其操作界面直观简洁，无论是通过手指触摸还是专用的感应笔，都能轻松实现各种操作，如书写、绘图、点击、拖动等。同时，它兼容了传统黑板和现代化教学设备的功能，教师既可以在交互式电子白板上使用传统黑板的功能，也可以应用它的特有功能进行教学。交互式电子白板的易用性为教师的日常课堂教学带来了便捷和高效。

3. 希沃白板

（1）简介

希沃白板是一款由希沃自主研发，针对信息化教学而设计的互动教学平台软件，目前最新版本为希沃白板5。希沃白板5以多媒体交互白板工具为应用核心，拥有种类丰富、形式新颖的素材、课件、微课等多类型备课、授课资源，并能够对接在线教学资源服务平台，实现制作课件的即时云存储。

作为一款教学软件，希沃白板不仅可以应用于具有触屏功能的希沃系列教学一体机，还支持PC、Web、Android、iOS等多种平台，教师只要在官网下载希沃白板软件安装在自己的设备上登录账号即可使用，为教师备课和互动教学提供了便利。

（2）希沃白板5的教学功能

① 授课。希沃白板5的授课界面相当于一块黑板，界面下方为教师课堂授课提供了许多基础功能，例如，书写、擦除功能，实时拖曳、移动克隆功能，放大镜功能、板中板、截图功能、计时功能、蒙层功能，等等。希沃白板5的授课界面如图3-14所示。

- 书写、擦除功能：可以使用不同大小和颜色的画笔进行批注，及时标注重要知识，并可快速擦除错误内容或清空内容。
- 实时拖曳、移动克隆功能：可随意拖动图片，或是将图片放大、缩小，或是改变图片的位置等，同时还可将截取的图片进行移动克隆。
- 放大镜功能：可以局部放大教学对象，让学生清晰观察细节，提高课堂效果。
- 板中板、截图功能：可以随时呈现并保存板中板上的文字，方便展示和回顾。同时，截图功能可以快速清晰地截取屏幕上的内容。
- 计时功能：可以使用内置计时器进行倒计时或随机计时，激发学生的挑战欲望，提高计算效率。
- 蒙层功能：通过添加蒙层和使用橡皮擦来遮盖或显示课件内容，引起学生注意，灵活调整教学设计，加强师生交流互动。

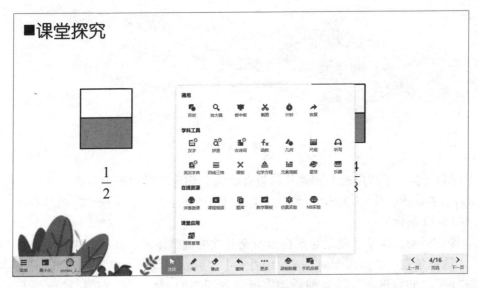

图 3-14　希沃白板 5 的授课界面

② 课件库和云课件。希沃白板 5 强大的课件库（如图 3-15 所示）可以为教师提供丰富的教学课件，包括各种形式和风格的教学素材，节省教师的时间和精力。另外，教师在希沃白板 5 中创作的课件均存储在云端，教师登录希沃账号，即可对课件进行随调随用。

图 3-15　希沃白板 5 的课件库

③ 思维导图。希沃白板 5 支持逻辑图、鱼骨图、组织架构图等思维导图类型，每个思维导图的子项目都可以被隐藏，也可以通过"循序渐进"或"一对一"功能进行扩展，同时子项目还可以添加超链接，如图片、视频和课件页面等（如图 3-16 所示）。教师利用思维导图将知识点结构化，帮助学生分析和理清知识点之间的联系，激发其发散思维和联想能力，有助于提升学生的学习效果。

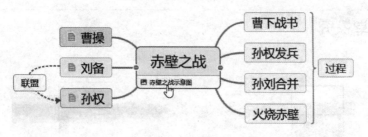

图 3-16　思维导图

④ 学科工具。希沃白板 5 涵盖基础教育阶段大部分学科学段的备授课工具，包括汉字、拼音、古诗词、几何、公式、函数、英汉字典、化学方程、星球、乐器等专属学科工具（如图 3-17 所示）。

⑤ 课堂活动。课堂活动是希沃白板 5 交互性的重要体现，共有"趣味分类""超级分类""选词填空""知识配对""分组竞争""判断对错""趣味选择""记忆卡片""球球拼词""知识排序"等多种活动模板（如图 3-18 所示）。每个活动模板下还设置了多种动画形式，以生动活泼、直观形象的方式展示相关趣味练习，既激发了学生的求知欲，又营造了愉悦的课堂氛围。教师可以根据具体的教学需求选择适合的活动模板进行授课。

图 3-17　希沃白板 5 的学科工具界面　　　　图 3-18　希沃白板 5 的课堂活动界面

⑥ 移动授课。希沃白板 5 支持教师通过手机操作大屏幕（如图 3-19 所示），如进行翻页、批注课件、互动传屏、拍摄展示和直播教学等，使得授课方式更具灵活性，课堂上师生互动性更强。

⑦ 班级管理。希沃白板 5 提供班级管理功能，教师可根据学生的课堂表现和作业对其进行点评（如图 3-20 所示），并向家长实时反馈学生的学习情况，实现家校合作。

图 3-19　通过手机操作大屏幕

图 3-20　希沃白板 5 的班级管理界面

⑧ 时间胶囊（如图 3-21 所示）。这是希沃白板 5 提供的一种独特的微课制作形式，教师可采用"互动课件＋录音＋语音识别"的方式记录下使用希沃白板 5 授课的全过程，制作完成后，可将该微课发送给学生，方便学生进行学习。

图 3-21　希沃白板 5 的时间胶囊界面

讨论交流

在当前的课堂教学中，PPT 和交互式电子白板是最常用的教学媒体，它们提供的教学功能有什么异同呢？请你和同学讨论交流后，将你们的讨论结果填入图 3-22 中。

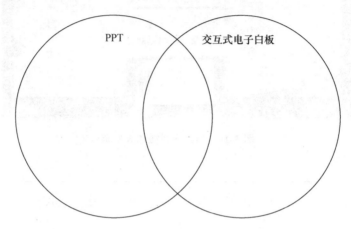

图 3-22　PPT 和交互式电子白板的教学功能对比

操作练习

登录"希沃学苑"官方网站，学习希沃白板 5 的各项功能操作，结合自己的学科内容，设计并制作一个白板课件。

自我评价

根据研究发现，在中小学中，教师对交互式电子白板的教学应用水平分为三个层次：初级应用水平、中级应用水平和理想应用水平。请你根据表 3-4 对自己的交互式电子白板教学应用水平进行评价。

表 3-4　交互式电子白板的教学应用水平评价

应用层级	操作水平	自我评价
初级应用水平	教师利用交互式电子白板向学生展示、传输信息。在教学过程中，教师的讲授时间居多，学生很少与交互式电子白板互动。交互式电子白板的作用仅是播放课件。	

续表

应用层级	操作水平	自我评价
中级应用水平	学生利用设备和资源进行知识表达、合作探究、问题解决、知识分享等学习活动。教师在教学中的角色定位是学生开展有效学习活动的设计者、支持者和指导者。	
理想应用水平	教师将交互式电子白板与投票器、智能手机、平板电脑等外部设备结合使用，促进生生协作学习、师生深度互动并对学习成果及时反馈。教师适时利用交互式电子白板开展交互活动，充分贯彻"以学生为中心"的教学理念，促进学生高级思维能力的形成。	

3.2.4 电子书包

随着教育信息化的发展，出现了一种被称为"电子书包"的新型高科技教育电子产品。它取代了传统意义上沉重的书包，同时还增添了许多强大而又实用的功能。电子书包的出现被认为是一场学习的革命，它不仅能给学生减轻了负担，还能够有效增强学生的学习兴趣。

1. 电子书包简介

华东师范大学教授祝智庭在《电子书包系统及其功能建模》一文中提到：从硬件设备角度上讲，电子书包就是一种个人便携式学习终端。从电子书包教育教学的系统功能架构视角来看，电子书包是学生的个人学习环境，电子书包的建构发展必须同时考虑"移动终端＋教育内容＋服务平台"三个核心要素。

首先，电子书包是一个能够借助信息化设备进行数字化教学的便携式终端。终端可以是电子书阅读器、平板电脑等智能学习设备。

其次，电子书包提供了丰富的数字资源。电子书包一般提供与教材配套的系列资源，如教学辅助读物、图书的电子文档、多媒体素材、课件、教案、文献资料、历年试卷档案，以及移动数字图书馆、移动数字期刊、移动数字报纸、移动数字广播、移动数字校园、移动第二课堂、移动作业、移动评价和移动通信簿等各类型数字资源。

最后，电子书包需要网络服务平台的支持。电子书包需要以基础教育资源网站为后台支撑，以无线网络技术作为基本互联方式，来实现数字化教学和移动阅读、练习、测评，以及师生互动、家校沟通等功能。

2. 电子书包的功能

电子书包能够为学生提供一个良好的个人学习环境，有助于学生主体地位的提升。不同的电子书包产品的功能各有特点，但个性化、移动性、按需服务等是电子书包的普遍特征。

电子书包一般设有电子课本、教辅资源（数字化阅读）、虚拟学具（如电子词典、工具软件）、学习服务支持（如学习记录、管理与评价）等模块，具体功能大致有：收发通知（集体发布）、收发消息（个人之间）、账号管理（家长、学生、教师角色分配）、班级管理（教学班级创建）、发布作业（布置、查看、统计）、发布成绩（发布、查看）、作业练习、讨论笔记、考勤管理、家教秘书，等等。

经过多年的发展，现阶段的电子书包能够提供更为丰富的数字资源与更加智能化的功能。例如，一些电子书包能够实现线上错题采集并导出重做；可以精准测评学生知识点的掌握情况并针对其薄弱项提供学习资源，有效帮助学生提升学习成绩；提供分组分层教学功能，助力教师因材施教。电子书包对教师的备课、学生的预习、课堂互动教学、课后作业评测等方面具有重要意义，有效促进教与学模式、教学方法、评价方式等变革，利于学生进行自主学习和探究学习。

3. 电子书包教学应用

电子书包改变了传统课堂上"黑板粉笔+课本"的模式，数字化教育资源、移动网络平台以及智能化功能创设了新的课堂氛围和学习环境，实现了学与教、服务与管理等多种功能的平台整合，包括教师的备课上课平台、学生的学习平台、学校的行政管理与服务平台、家校互动平台等。

把电子书包引进课堂，用电子课本代替传统纸质课本，电子书包项目在我国许多地区展开了推广应用，并在小学语文、数学、英语等诸多学科的教学中进行了实践探索。图 3-23 为电子书包在课堂教学中的应用场景，图 3-24 为某电子书包学生端界面。

图 3-23　电子书包在课堂中的应用场景

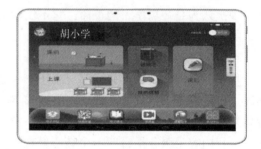

图 3-24　某电子书包学生端界面

具体来说，电子书包在教学中的应用主要体现在以下几个方面：

（1）利用其丰富的数字化教学资源开展教学与学习。
（2）提供相关学习辅助资源，进行延伸拓展学习。
（3）发布作业、完成作业、提交作业等。
（4）提供学习测评与统计反馈。
（5）师生进行交流互动。
（6）提供学习工具。
（7）教学管理。
（8）家校通信交流与沟通等。

目前，智慧教室、智慧课堂与线上网课学习模式都很好地发挥了电子书包的教育功能，电子书包不仅使学校、家长、学生之间的交流和沟通更加便利，而且它提供的电子课本及丰富的数字化教学资源能拓展学生的知识面。

> 思考与练习

上网搜索一款电子书包产品,了解其功能特点并尝试应用体验。

3.2.5 智慧教室

智慧教室是多媒体教室和网络教室的高端形态,是数字教室和未来教室的一种形式,是集智慧教学、人员考勤、资产管理、环境智慧调节、视频监控及远程控制等于一体的新型现代化教室。

在智慧教室(如图 3-25 所示)中,交互式智慧黑板、智慧讲台、智慧互动系统、激光投影仪、电子白板、高清录播系统、高清摄像机、无线网络全覆盖、学生平板电脑、移动拼接桌椅等现代化教学设备几乎应有尽有。它的空间布局极为灵活,设备实现了智能互联,教学信息的检索、分析及呈现均快捷便利。智慧教室能够将物理空间、社区空间及资源空间进行有机融合,切实改善人与学习环境之间的关系,达成人与人、人与学习环境的自然交互,推动学生之间的交流、协助与共享,从而实现个性化学习、开放式学习和泛在学习。

图 3-25 智慧教室

1. 智慧教室的"SMART"概念模型

北京师范大学教授黄荣怀等提出了智慧教室的系统模型——"SMART"概念模型。在"SMART"概念模型中,每个字母代表一个维度,分别为内容呈现(Showing)、环境管理(Manageable)、资源获取(Accessible)、及时互动(Real-time Interactive)、情境感知(Testing)(如表 3-5 所示)。这五个方面显现了智慧教室的"智慧性"。

表 3-5 "SMART"概念模型的维度及具体内涵

维 度	具 体 内 涵
内容呈现	教学内容的呈现不仅需要清晰明了,而且其呈现方式应符合学生的认知特点。在视觉层面,呈现内容时要充分考量清晰度、视野范围、亮度及视角等方面;在听觉层面,呈现内容时要尽量降低噪声,为师生提供良好的环境。

续表

维　度	具体内涵
环境管理	教室布局应灵活多变，能支持多种教学活动的开展，所有设备、系统资源应具有较强的可管理性，声音、光线、温度等物理环境要符合国家的最新规定要求，电器安全管理和网络安全管理均应处于教师能够控制的范畴之内。
资源获取	在资源选择方面，智慧教室应提供丰富的教学资源，师生可以通过平板电脑、笔记本电脑等智能设备灵活地获取和使用电子资源；在资源分发方面，与学生相关的教学计划、教学内容、教学工具等应能便捷地发放到学习终端。在访问速度方面，应保持流畅。
及时互动	智慧教室应具备支持教学互动及人机互动的能力。其既要保证操作的便捷性和流畅度，又要跟踪记录师生、生生、人机互动的互动轨迹，为学习分析提供基础数据。
情境感知	智慧教室应具备对物理环境和学习行为的感知能力。在物理环境感知方面，通过传感器技术，实时检测教室的空气、光线、声音、温度、色彩、气味等物理环境参数，并自动进行调节。在学习行为感知方面，智慧教室通过获取学生的位置、姿势、操作等数据，可智能分析学生的学习需求并提供适应性支持，也可利用课堂录播系统记录教学过程，利用手持设备记录交互过程，并监控学生学习结果，实现大数据下的学习过程跟踪和评价。

2. 三种典型的智慧教室

在"SMART"概念模型中，环境管理和情境感知两个维度是各类智慧教室的共性要求。对于内容呈现、资源获取和及时互动三个维度，不同的智慧教室可选择在某一个维度上进行增强，这就形成了高清晰型智慧教室、深体验型智慧教室和强交互型智慧教室三种典型的智慧教室类型，具体如表3-6所示。

表3-6 三种典型的智慧教室比较

类型	教学模式	教室布局	内容呈现	资源获取	交互情况
高清晰型智慧教室	以讲授为主	"秧苗式"	无线投屏	支持讲授的资源和工具	以师生交互为主
深体验型智慧教室	探究式	多种布局	以学生终端为主	支持各种终端接入，丰富的资源和教学工具	以生机交互为主
强交互型智慧教室	小组协作	"圆形"	以小组终端为主	支持小组协作的学习资源和工具	以智能终端为媒介的生生交互为主

（1）高清晰型智慧教室

高清晰型智慧教室主要支持以讲授为主的教学模式。在教室布局上，这种类型的智慧教室以"秧苗式"布局为主，学生座位固定，对教室人数无明确限制。在内容呈现上，教学内容主要通过无线投屏来呈现。在资源获取上，师生可通过无线网络获取课程计划、教学内容等相关教学资源，学生也可通过移动设备书写笔记和反馈问题。在交互方式上，它以师生交互为主，以其他交互方式为辅。

（2）深体验型智慧教室

深体验型智慧教室主要支持探究式教学模式。在教室布局上，"秧苗式"或"圆形"布局均可，班级人数为40人左右。在内容呈现上，教学内容以通过学生终端呈现为主，以无线投屏呈现为辅。在资源获取上，这种类型的智慧教室可支持各种终端接入，使学生拥有丰富的学习资源和教学工具。学生可以利用虚拟实验、仿真教学等在线资源和学习分析工具进行学习，还可利用移动设备书写笔记或反馈信息，并可将其画面投射到大屏幕上。在交互方式上，它以生机交互为主，以其他交互方式为辅。

（3）强交互型智慧教室

强交互型智慧教室主要支持小组协作的教学模式。在教室布局上，这种类型的智慧教室以"圆形"布局为主，学生无固定座位，布局灵活，每个小组应至少配备一台计算机终端或移动设备。在内容呈现上，教学内容主要通过小组计算机终端或移动设备呈现，也可以通过互动式触摸大屏（或交互式电子白板）、分布式LED显示屏等呈现。在资源获取上，这种类型的智慧教室拥有丰富的支持小组协作的学习资源和工具，如小组成员可使用计算机终端或移动设备讨论问题、绘制思维导图等。在交互方式上，它以智能终端为媒介的生生交互为主。

3. 智慧教室的系统构成与功能

智慧教室的建构需要硬件设备和软件工具。

硬件设备主要包括构成智慧教室的基础设施和学生使用的学习设备等。例如，移动终端，如笔记本电脑、平板电脑、智能手机等；显示设备，如纳米黑板、LED显示屏、交互式电子白板、投影设备等；交互式设备，如视频会议设备、射频识频（RFID）设备、近场通信（NFC）标签、可穿戴计算机、互动桌、虚拟现实或增强现实设备、3D体感交互设备等；学科专用工具，如绘图仪等；基础设施，如各类传感器、无线网络、服务器等。

软件工具主要包括支持教学活动的平台及学科工具、开发工具和硬件设备的配套软件等，例如互动教学平台、学科资源库、协作讨论工具、课堂教学应答系统等。

结合教学需求和应用场景，这些硬件设备和软件工具构成了智慧教室的显示系统、交互系统、学习分析系统、智能管控系统和资源建设等模块。

（1）显示系统

显示系统负责学习内容的呈现和传递。学习内容不仅包括在教师端展示的内容，还包括学生分享、展示的信息。在内容的呈现形式上，除了文字、图像和视频等多媒体形式外，其还可使用三维立体、虚拟现实、增强现实、全息投影等技术呈现学习内容，其中全息投影沙盘如图3-26所示。

（2）交互系统

互动系统通过无线网络技术和自然人机交互技术，实现人与工具、设备、环境之间的自然、流畅、高效互动。例如，借助无线网络技术使得大尺寸多点触控液晶屏、平板电脑、投屏设备和移动设备之间可相互连接，教师因此可灵活组织多样化的课堂活动，如查询、分享、讨论、展示等，进而促进师生之间、生生之间的全方位互动。同时，虚拟现实、动作识别、手势识别等自然人机交互技术支持多种方式的人机交互，有利于增加课堂的趣味性和互动性。图3-27展示了互动课桌。

图 3-26　全息投影沙盘

图 3-27　互动课桌

(3) 学习分析系统

学习分析系统可实现对学生学习行为的跟踪、统计、分析与诊断，以辅助教学决策。教师可根据诊断结果实时调整教学进度，进行差异化、个性化教学。同时，系统会对教师和学生在课前、课中、课后全阶段教与学行为的数据进行采集和分析，为教学管理、教学指导、教育监测评估和智能决策等提供支持。

例如，学习分析系统中的情绪识别系统可以帮助教师了解学生在课堂上的专注程度和学生对某一知识点的兴趣等，其还可形成详细的学情分析报告，辅助教师调整课堂教学活动。学习分析系统中的作业分析系统能够快速诊断学生对知识的掌握情况，准确地诊断出其可能存在的学习问题并及时进行有效干预，如图 3-28 所示。

(4) 智能管控系统

智能管控系统能对教室内的灯光、温度、湿度、空气质量等环境数据进行实时感知、分析，并可根据数据智能控制相应的设备，以改善教室环境，营造舒适的学习氛围。例如，通过自动控制空调、加湿器、除湿机、空气净化器、照明设备、窗帘等调节教室的温度、湿度和光照度，实现对教室环境的智能管控。

(5) 资源建设

资源建设依托于网络云资源平台和智能录播技术，旨在为师生提供海量、优质且获取便捷的教学资源。它不仅能满足师生教学过程中的资源需求，还能对教师授课实况进行自动录制、直播、存储与发布，便于学生课后复习及其他教师观摩学习，也推动了教学资源的自我更新与增长。

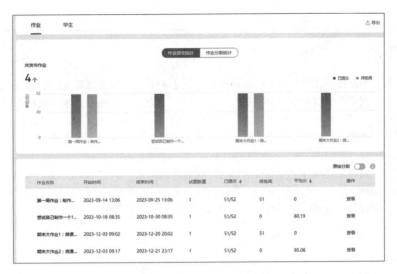

图 3-28　学生学情分析报告

云课堂平台与智慧教室对接（如图 3-29 所示）是资源建设的重要方式。它们的对接使得智慧教室中的教学场景可以自动记录并同步至云课堂平台，教师也能在云课堂平台上持续建设、丰富和更新与课程紧密相关的学习资源和学习工具，并在课程空间内分享给学生。这种物理课堂与虚拟课堂的深度融合，不仅提升了教学效果，也为学生提供了多元化、个性化的学习途径。

图 3-29　云课堂平台与智慧教室实现对接后的授课场景

观摩学习

参观学校的智慧教室，了解它的功能与特点，并进行记录。

功能：_____

特点：_____

参考文献

［1］李志河，王亚捷，孙建平. 现代教育技术应用［M］. 北京：北京师范大学出版社，2022.
［2］朱泽民，周芬. 智慧教室建设与应用研究［M］. 武汉：华中科技大学出版社，2021.
［3］李葆萍. 智慧教室中的教学研究与实践［M］. 北京：人民邮电出版社，2020.
［4］郭绍青，张筱兰. 中小学电子交互教学设备教学实用手册系列：第4册［M］. 北京：人民教育出版社，2014.
［5］李新兰. 白板教学条件下生成性资源的挖掘与管理探究［D］. 沈阳：沈阳师范大学，2011.
［6］汪琼，李林. 交互式电子白板教学应用教程［M］. 北京：北京大学出版社，2014.
［7］王陆. 现代教育技术应用［M］. 北京：高等教育出版社，2015.

第4章

信息化教学资源的获取与加工

学习目标

- 了解网页、数据库等数字资源的检索方法
- 采用不同的检索方法，高效、快速地获得资源
- 熟练掌握文本、图像、音频、视频资源的获取途径
- 对音频和视频资源做简单的处理
- 了解简单的 AIGC 方法

知识导图

当需要上网下载一部电影的时候，我们可能首先想到的是打开搜索引擎去查找一下，但是如果通过搜索引擎搜不到这部电影的下载地址，你还有其他的下载办法吗？当你尝试了很多办法后，终于下载了这部电影，可是在教学中你只需要用到其中的一段声音，不需要画面，又该怎么办？该用什么办法把你需要的声音信息提取出来呢？当你做微课的时候，如果你需要把两段视频合成在一起，你知道怎么处理吗？当你需要用到某张图片的时候，如果直接使用他人的，可能会涉及版权问题，那你知道怎么用人工智能生成内容吗？本章将带你学习数字资源常用的检索、获取与处理方法，希望通过本章的学习，你的信息素养能够得到一定程度的提升。

4.1 数字资源的检索

网络信息浩如烟海,想要从海量的信息中快速获得所需的信息,必须借助一定的检索工具与方法。不同的检索方法,其特点、原理、作用各不相同,适用条件和范围也不同。下面介绍几种常用的检索方法。

4.1.1 HTTP 资源检索

HTTP 资源也称万维网(WWW)信息资源或网页资源,是指采用超文本传送协议(Hypertext Transfer Protocol,HTTP)在 WWW 客户端和服务器端之间传输,建立在超文本、超媒体等技术的基础之上,集文本、图形、图像、声音、视频等为一体,以网页的形式存在于互联网之中的资源形式。

检索 HTTP 资源主要借助搜索引擎,常用的搜索引擎有百度、360 搜索、搜狗搜索等。

除了上述常用搜索引擎外,还有头条搜索、中国搜索、必应等搜索引擎。这些搜索引擎各有特色,可以满足不同用户的搜索需求。

操作练习

以百度为例,大家可以探索一下搜索引擎的功能,并完成表 4-1 中的任务后,根据完成情况进行自我评价。

表 4-1 利用百度完成学习任务

序号	学习任务	完成情况
1	请检索并下载一套适合制作教学课件的 PPT 模板,要求其至少包括 10 种不同的版面设计。	☆☆☆
2	请检索姚明职业生涯的统计数据。	☆☆☆
3	通过百度学术搜索一本教育技术相关的图书,并下载。	☆☆☆
4	请搜索奥巴马宣布 10 月为"信息素养宣传月"的原文,并利用百度翻译工具将其译为中文。	☆☆☆
5	如果你要去湖北恩施进行为期五天的旅游,计划参观恩施的十大旅游景点,请做一个合理的旅游规划。	☆☆☆
6	如果你需要从石家庄邮寄重 1kg 的物品到广州,请问用韵达、中通、圆通、极兔各需要多少钱?	☆☆☆

4.1.2 数据库资源检索

数据库资源检索是指利用计算机系统从数据库中检索出所需要的信息,并对这些信息进行存储、处理和传输的过程。数据库资源检索技术是现代信息技术的重要组成部分，广泛应用于科学研究、商业智能、政府管理等领域。

1. 常用的学术数据库

（1）中文电子期刊数据库

中国知网、万方数据知识服务平台、维普网、中国国家图书馆是国内影响力和利用率很高的综合性中文电子期刊数据库，详细信息如表4-2所示。这几个数据库已经成为大多数高等院校、公共图书馆和科研机构文献信息保障系统的重要组成部分。在互联网中，这几大数据库也成为中文学术信息的重要代表，体现了我国现有的中文电子文献数据库的水平。

表4-2 中文电子期刊数据库

名称	简介
中国知网	国内最大的学术数据库，涵盖多个学科门类的期刊和论文。支持高级检索功能，是学术研究与学习的重要平台。
万方数据知识服务平台	与中国知网类似，其收录的期刊数量与文献资源数量略少于中国知网。
维普网	依托《中文科技期刊数据库》，为用户提供期刊资源。
中国国家图书馆	拥有中外期刊资源，涵盖多个学科领域。

（2）中文电子图书数据库

① 超星数字图书馆

超星数字图书馆是由北京世纪超星信息技术发展有限责任公司联合国内几十家大型图书馆开发的数字图书馆，其不仅藏书丰富，而且有大量的学术视频。超星数字图书馆的图书必须使用超星阅读器阅读和下载电子书，超星阅读器支持用户对数字图书进行文字识别、裁切图像、添加书签、滚屏阅读、更换阅读背景等操作。

② 阿帕比（Apabi）数字资源平台

阿帕比数字资源平台收录了全国几百家出版社出版的优质中文电子图书，资源内容覆盖学科广泛。除此之外，其致力于为用户提供在线阅读、全文检索、离线借阅、移动阅读、下载、打印等数字内容和知识服务。通过该平台，用户可以精准快速地找到感兴趣的内容，并与他人交流阅读体验，创建个性化的首页。

2. 数据库资源检索方法

常用的数据库资源检索方法主要有两种：简单检索和高级检索。

（1）简单检索

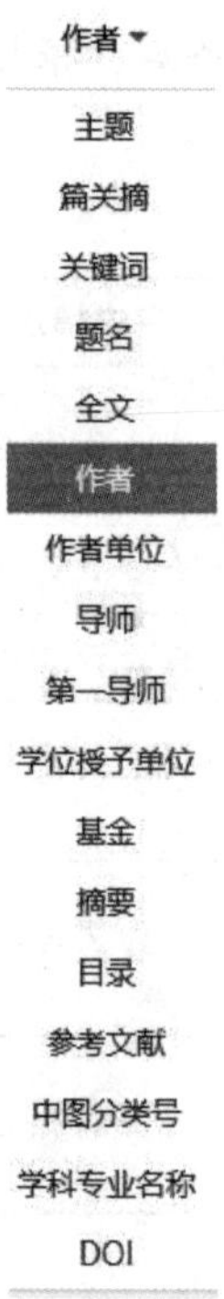

以中国知网为例，其提供了主题、篇关摘、关键词、题名、全文、作者、作者单位、导师、第一导师、学位授予单位、基金、摘要、目录、参考文献、中图分类号、学科专业名称、DOI 等检索项（如图4-1所示）。当你需要检索的资源的某一项信息是明确的时，你可以选择对应的检索项，并在检索框中输入关键词，然后单击搜索按钮。例如，如果要查找"何克抗"的文章，那么可选择检索项

图4-1 中国知网检索项列表

中的"作者",然后在检索框中输入"何克抗"并单击搜索按钮即可。

(2) 高级检索

当检索词模糊或有多个同义词,检索出的结果过多或过少时,可选择增加或减少限定条件来缩小或扩大检索范围,让检索结果更精确。

以在中国知网检索"2020年1月1日—2023年1月1日与'虚拟现实'相关的双一流院校的优秀学位论文"为例,具体操作如下:① 进入中国知网学位论文高级检索页面(如图4-2所示);② 在该页面中,选择"主题"为检索项,在检索框中输入"虚拟现实",并勾选"双一流""中英文扩展"复选框,在"时间范围"项选择"学位年度"为"2020—2023";③ 单击"检索"按钮。

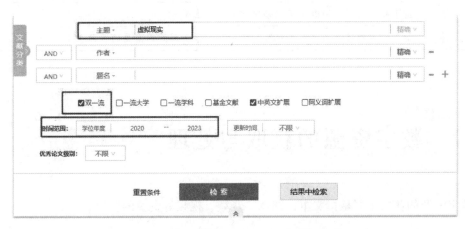

图 4-2 中国知网学位论文高级检索页面

操作练习

1. 你还知道哪些中文电子图书数据库?请将信息填在表4-3中。

表 4-3 中文电子图书数据库

名称	网址
超星数字图书馆	https://www.chaoxing.com/

2. 数据库种类繁多、资源丰富,你可以通过完成表4-4中的任务,加深对数据库的了解,并对自己的完成情况进行自我评价。

表 4-4　在数据库中完成学习任务

序号	学习任务	完成情况
1	请从中国知网上检索 2023 年以来发表的关于生成式人工智能的论文。	☆☆☆☆☆
2	请查找今年本校师生的论文被中文社会科学引文索引（CSSCI）、科学引文索引（SCI）、工程索引（EI）等收录的情况，给出查找结果并列出其中 1 篇的题录。	☆☆☆☆☆
3	请了解本校图书馆购买的哪些数据库可以进行学位论文查重。	☆☆☆☆☆
4	请下载 1 篇与你的专业研究领域相关的硕士论文。	☆☆☆☆☆
5	请下载国家数字图书馆手机客户端，并检索、阅读你需要的资源。	☆☆☆☆☆

4.2　数字资源的获取与处理

数字资源的获取主要是指文本、图像、音频、视频等资源的获取。

4.2.1　文本资源的获取与处理

文本资源的获取方式主要有键盘输入，语音输入，手写输入，复制、粘贴，文档下载，文字识别等。

1. 键盘输入

键盘输入是最直接的搜索并获取文本的方式，如果知道字音，那么可用拼音（音码）输入；如果知道字形，那么可用五笔（形码）输入。

2. 语音输入

语音输入是一种可以将人类的语言变为机器识别信号的技术，可以将语音信号转换为电子信号再转化为文本。语音输入具有广泛的应用场景，例如智能手机、车载系统、智能家居等。

在个人计算机（Personal Computer，PC）端，可以直接通过输入法进行语音输入。在移动端，可以直接通过手机自带的输入法进行语音输入，也可以下载讯飞输入法或讯飞语音云的录音宝，将语音输入直接转换为文字。

3. 手写输入

在 PC 端，可以直接通过输入法进行手写输入，如搜狗输入法，在"工具箱"中找到"手写输入"，或者直接选择"输入方式"为"手写输入"，即可打开"手写输入"面板。如果在移动端，可以直接通过手机自带的输入法进行手写输入。

4. 复制、粘贴

对于网上的纯文本，如果允许复制，那么可以直接复制、粘贴后使用。

5. 文档下载

如各类教学资源网、百度文库、豆丁网等平台的文档，在平台允许下载的情况下，可以直接下载使用。

6. 文字识别

文字识别主要用于将图片、扫描文档中的文字识别为可编辑的文字。文字识别可应用于许多领域，如阅读、翻译、文献检索、信件和包裹的分拣、稿件的编辑和校对、大量统计报表汇总与分析、各类证件识别等，可帮助用户快速录入信息，提高各行各业的工作效率。

常用的文字识别方式：

在 PC 端，可采用在线文字识别工具、具有文字识别功能的 PDF 阅读器、能实现 PDF 转 Word 的软件（如 WPS）、微信或 QQ 的截图功能等；在移动端，可以使用浏览器自带的识别功能、全能扫描王等 APP 以及传图识字等微信小程序。

操作练习

请你通过完成如表 4-5 所示任务了解不同文本资源的获取方式，并根据完成情况进行自我评价。

表 4-5 文本资源获取相关学习任务

序 号	学习任务	完成情况
1	请将你喜欢的一首诗或一段文字用讯飞听见、讯飞语记、搜狗听写等工具以语音的形式输入成文本。	☆☆☆☆☆
2	请从各类教学资源库或百度文库、豆丁网、360doc 个人图书馆、道客巴巴等在线文档分享平台下载一篇文档。	☆☆☆☆☆
3	请从中国知网、维普网或万方数据知识服务平台下载一篇论文，并将其转化为可编辑的 Word 文档。	☆☆☆☆☆
4	请用手机拍摄课本中的一页，并将上面的文字内容转化为可编辑的形式。	☆☆☆☆☆

4.2.2 图像资源的获取与处理

1. 图像资源的获取

获取图像资源常用的方法有通过扫描输入、网络下载、图像处理软件制作、视频播放器捕捉、截图工具截图等。

（1）扫描输入

扫描是一种常用的图像获取方法。我们如果希望将书籍中的一些图片放入多媒体课件中，可以通过彩色扫描仪将图片扫描转换成数字图像文件，还可以使用图像处理软件对该数字图像文件进行一些诸如颜色、亮度、对比度、清晰度、尺寸等方面的调整。

（2）网络下载

网络中提供了极为丰富的图像资源。对于一些网页中图像，我们可以在该图像上右击并在弹出的快捷菜单中选择"另存图片"把该图片存储至本地计算机中；而对于一些图片素材库中的图像，我们可单击网页中的下载按钮进行下载。

（3）图像处理软件制作

我们还可以使用图像处理软件来制作图像，常见的图像处理软件如表4-6所示。

表4-6 常见的图像处理软件

类别	名称	功能特点
简易型	画图	画图工具是Windows操作系统自带的一款简单的图像处理软件，对运行环境要求低，能满足基本画图需求。
	超级画笔	超级画笔是一款功能较为强大的绘图和图像编辑软件，对运行环境要求低，简单易用；能提供丰富的样式模板和徽标库。
专业型	Adobe Photoshop	Adobe Photoshop是专业图像处理软件，功能强大，能处理图像色彩、选区，支持多层编辑与数字绘画，还可进行图像合成。但其操作也更复杂，适合具有一定专业基础的人使用。
	AutoCAD	AutoCAD具有强大的结构构建功能和丰富的建模形式，广泛用于建筑、机械、电子等领域，能精确绘制二维和三维图形，适合建筑、机械、电子等领域的设计人员使用。
	Adobe Illustrator	Adobe Illustrator一款专业的矢量图形设计软件，常用于绘制图标、插画、海报等，输出质量高，操作灵活便捷。

（4）视频播放器捕捉

QQ影音等视频播放器可以对视频进行单帧捕捉，将其变成静止的图形存储起来。这种方法常用于需要把其他多媒体课件中的视频截取出来，用在自己制作的多媒体课件中的情况。

（5）截图工具截图

① Print Screen 键

Print Screen键是电脑键盘上的一个重要按键，在Windows操作系统中，它主要用于屏幕截图。按下该键，可截取当前整个屏幕的图像。需要注意的是，截取屏幕图像后，图像并没有被保存，只是临时存储在剪贴板中，用户可将其粘贴到图像处理软件、Word、PPT中，再进行编辑或保存等操作。我们如果只想截取当前处于活动状态的窗口画面，那么可使用Alt + Print Screen组合键。

② 社交软件中的截图功能

PC端的QQ、微信等社交软件都自带截图功能，且使用便捷。在微信中，用户可同时按下Alt + A快捷键启动截图，也能单击聊天窗口中的截图图标，然后用鼠标选取所需截图的区域，可用矩形、圆形等形状进行标注，还能输入文字。在QQ中，用户可同时按下Ctrl + Alt + A快捷键启动截图，同样也可单击聊天窗口中的截图图标。选定截图范围后，能调整边框大小，使用画笔、箭头等工具做标记，完成后单击"完成"按钮即可发送或保存。

③ 专业截图软件

目前，专业截图软件非常多，如Snagit、HyperSnap、红蜻蜓抓图精灵（RdfSnap）、FastStone Capture、Bandicam等。专业截图软件不仅可以捕捉静止的图像，而且可以捕捉

Bandicam
截图操作

滚动页面、录制视频等，能更好地满足不同场景下的截图需求。

2. **图像资源的处理**

很多时候，我们获取的图像可能并不符合要求，如图像的尺寸、格式或色彩不适合，有时候下载的图像还带有水印，这时就需要图像处理软件对其进行处理。最广为人知的图像处理软件是 Adobe Photoshop，但是其需要一定的基础才能上手操作。下面介绍几款简单易用的图像处理软件，方便我们在做课件时根据需要对图像进行简单的处理。

（1）光影魔术手

光影魔术手是一款针对图像画质进行改善提升及效果处理的软件，简单、易用，不需要任何专业的图像技术，就可以制作出专业胶片摄影的色彩效果。它具有许多独特的功能，如反转片效果、黑白效果、数码补光、冲版排版等；且批量处理功能非常强大，是摄影作品后期处理、图片快速美容、数码照片冲印整理时必备的图像处理软件，能够满足绝大部分人照片后期处理的需要。光影魔术手的软件操作界面如图 4-3 所示。

图 4-3　光影魔术手操作界面

（2）PhotoZoom Pro

PhotoZoom Pro 是一款可以无损放大图像的工具。一般的图像处理软件在放大图片时，总会降低图片的品质，而 PhotoZoom Pro 拥有自动调节、高级插值算法的专利技术，可以尽可能地提高放大图片的品质。其操作界面如图 4-4 所示。

图 4-4　PhotoZoom Pro 操作界面

（3）Inpaint

Inpaint 是一款可以从图像上去除不需要的元素的图像处理软件，例如，它可以轻松去除照片上的水印、污渍、标识等瑕疵。同时，Inpaint 会根据附近图像区域重建擦除的区域，智能生成纹理，使图像看起来完美无瑕、没有修改痕迹。其操作界面如图 4-5 所示。

使用 Inpaint
修图

图 4-5　Inpaint 操作界面

（4）佐糖

佐糖采用人工智能技术，可自动识别图片中的人物或物体，支持一键抠图、更换背景等操作，并包含无损放大、去除水印、压缩、自由裁剪等功能。其操作界面如图 4-6 所示。

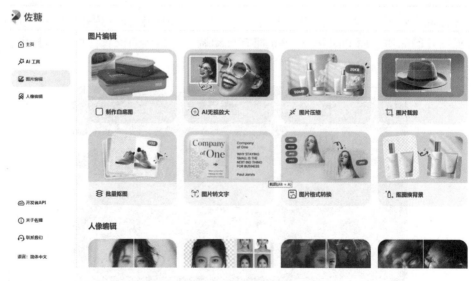

图 4-6　佐糖操作界面

此外，还有一些移动端图像处理软件，如美图秀秀、天天 P 图、Snapseed、黄油相机、美拍、Canva 可画等。这些软件操作简便，不少均为一键生成，且提供很多创意功能，能够满足大多数人的需求。

> 操作练习

图像资源处理的技巧有很多，请通过完成表 4-7 中的学习任务，进一步了解这些技巧，并根据完成情况进行自我评价。

表 4-7　图像资源处理学习任务

序号	学习任务	完成情况
1	请用 QQ、微信等聊天工具截取 PPT 中的菜单栏和右键菜单。	☆☆☆☆☆
2	请用 Snagit 或 Bandicam 截取你的电脑桌面背景。	☆☆☆☆☆
3	请用 QQ 影音等视频播放器截取视频中的任意一帧画面。	☆☆☆☆☆
4	请下载一张带有水印的图片，并用 Inpaint 去除水印。	☆☆☆☆☆
5	请用 PhotoZoom Pro 将一张像素比较低的图片处理成高清图片。	☆☆☆☆☆
6	请将你的一张蓝底照片变成白底。	☆☆☆☆☆
7	请下载一张黑白照片，并给它着色。	☆☆☆☆☆
8	试着体验不同移动端图像处理软件的功能。	☆☆☆☆☆

4.2.3　音频资源的获取与处理

音频资源获取与处理的常用方法有：网络下载、录制音频、从视频文件中提取音频、从多媒体课件中提取音频、文字转音频等。

1. 网络下载

网络下载音频资源的途径有：通过搜索引擎搜索音频文件名称，然后在相应的网站上下载，或直接进入专业音频网站（如天韵之声）搜索并下载，或通过"酷我音乐盒"等音乐播放器的下载工具下载。下载音频文件时需注意版权问题。

2. 录制音频

要想用电脑成功录制音频，先要保证电脑声卡驱动必须安装正确，并配置音频输入设备，如话筒、麦克风或带音频输入功能的 USB 摄像头等。

以 Windows10 为例，通过单击电脑桌面左下角的"开始"菜单，单击"录音机"打开录音机界面。在开始录音前，确保选择正确的录音设备。单击录音机界面右下角的三个点，选择"麦克风设置"，调整好录音设备后，返回并单击"开始录制"（如图 4-7 所示）按钮，系统将开始录制音频（也可以使用快捷键 Ctrl + R 来开始录制）。录制完成后，单击"停止录制"按钮，录制的音频将自动保存到默认位置，也可以选择将其保存到指定位置。

图 4-7 使用电脑自带录音机录制音频

3. 从视频文件中提取音频

视频播放器或格式转换工具可以将视频中的音频提取出来。

方法一：使用视频播放器

很多视频播放器都具备从视频中提取音频的功能，如 QQ 影音、暴风影音等。下面以 QQ 影音为例介绍从视频中提取音频的方法。

使用 QQ 影音打开需要提取音频的视频文件，单击 QQ 影音右下角的"影音工具箱"图标，并在弹出的菜单栏中单击"转码压缩"，打开"转码压缩"操作界面（如图 4-8 所示）；在"格式"下方选择"纯音频"，也可以对后面的参数进行设置；设置完成后，选择文件保存的位置并开始进行转码。这样视频中的音频就被提取出来了。

用 QQ 影音提取视频中的声音

图 4-8 "转码压缩"操作界面

方法二：通过格式转换工具提取

常用的格式转换工具有狸窝全能视频转换器、格式工厂、艾奇全能视频转换器等。将视频文件导入格式转换工具中，选择转换后的格式，如 MP3、WMA 等格式，就可以进行转换了。

4. 从多媒体课件中提取音频

部分 PPT 课件中嵌入了不错的音频文件，如果想把它们提取出来，有以下两种方法：

方法一：在 PPT 课件中找到相应的音频文件，选中该文件后右击选择"另存为"，可将其保存至自己的电脑上。

方法二：将 PPT 课件的文件扩展名". ppt"或". pptx"改为压缩文件类型". rar"或". zip"。例如，将"现代教育技术. pptx"改为"现代教育技术. rar"，这时候视频文件变为压缩文件,再对这个文件进行解压缩,在解压缩后的文件夹中就可以找到其中的音频文件了。

5. 文字转音频

随着科学技术的进步,文字转音频的技术也越来越成熟,有很多使用便捷、操作简单的工具不仅可以选择不同的发音人,而且可以采用不同的情绪和情感表达。无论你是想制作简单的音频还是情感丰富的音频,或者是想模仿某种风格的声音,这些工具都可以轻松做到。

以下是一些简单实用的文字转音频的工具。

(1) WPS Office

首先,用 WPS 打开一个文本文档,单击"审阅"—"朗读"菜单(如 4-9 所示),可选择"全文朗读",也可选择部分文字后单击"选中朗读"。如果选择"显示工具栏",还可以在右侧的朗读工具栏中调整音量、语速、语调等。

图 4-9 单击"审阅"—"朗读"菜单

(2) Windows 自带的 Edge 浏览器

Windows 系统自带的 Edge 浏览器也有文字转音频的功能,只需要新建一个 TXT 文件或 HTM 文件,然后将该文件拖拽入 Edge 浏览器中,选中需要朗读的文字并右击选择"朗读所选内容",即可实现朗读选中的文本,而且可以支持更改朗读员。目前 Edge 浏览器内置了多个中英文配音员,声音真实自然,而且完全免费,操作界面如图 4-10 所示。

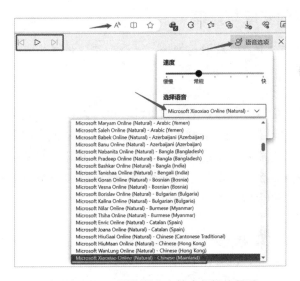

图 4-10 Edge 浏览器文字转音频操作界面

(3) 专门的文字转语音软件

专门的文字转语音软件非常多,如讯捷文字语音转换器、布谷鸟配音、全能文字转语音、讯飞快读、智影、剪映等。一些文字转语音软件不仅可以进行文字转语音,还可以选择不同的风格、角色、音调、语速等，不同的软件提供的功能略有不同，可自行探索。

(4) 微信小程序

很多微信小程序也提供个性化的文字转语音服务，如配音鸭、配音口袋等。这些微信小程序基本都可以选择不同的发音人，合成的声音自然流畅而且富有感情色彩。

操作练习

音频素材的获取与处理方法有很多，请通过完成表4-8中的学习任务，进一步熟悉其处理技巧，并根据完成情况进行自我评价。

表4-8 音频资源获取与处理学习任务

序号	学习任务	完成情况
1	请用QQ影音提取视频中的一段音频。	☆☆☆☆☆
2	请用任意一款格式转换工具提取一段经典电影的对白。	☆☆☆☆☆
3	请用布谷鸟配音录制一段你喜欢的散文，并从天韵之声下载一首背景音乐，合成为一段配乐散文诗朗诵。	☆☆☆☆☆
4	请模仿《舌尖上的中国》写一段解说词，并利用任意一款文字转音频工具，将其转化成与《舌尖上的中国》风格相似的配音。	☆☆☆☆☆
5	请搜集、整理文字转音频工具及其功能，并做成思维导图。	☆☆☆☆☆

4.2.4 视频资源的获取与处理

视频资源可以通过以下方式获取与处理：下载视频、录屏获取视频、截取视频或自己拍摄视频等。

QQ影音操作

1. 下载视频

方法一：通过搜索引擎查找想要的视频资源，也可以在找到资源地址后，使用专门的下载工具（如迅雷等）下载，或者直接利用下载工具自带的搜索引擎搜索并下载。

方法二：进入与教育相关的专题网站（如小学资源网）查找所需资源并进行下载。

方法三：各大视频平台如爱奇艺、优酷视频、腾讯视频、哔哩哔哩等有其专门的下载工具，可以在这些视频平台搜索资源并进行下载。

狸窝操作

2. 录屏获取视频

录屏软件很多，如屏幕录像专家、Camtasia Studio、Snagit等，本部分内容将在本书第七章将进行详细讲解，在此不再赘述。

3. 截取视频

一般情况下，不需要对视频做复杂的编辑、特效，只需要进行简单的裁剪、合成。这些基本功能，用视频播放器（如QQ影音、暴风影音等）或格式转换工具（如格式工厂、狸窝）等就可以轻松实现。不论采用哪种截取方式，只需设置好开始和结束的时间点，就可以将中间的视频截取下来。

4. 自己拍摄视频

短视频作为当下广为流行的一种内容生产方式，正以前所未有的速度蓬勃发展。不难发现，越来越多的人投身于短视频的拍摄与制作。在教育领域，教师可以巧妙地利用短视频来丰富教学内容和形式。例如，通过制作简短而生动的教学视频，帮助学生更直观地理解复杂的知识点。

（1）短视频的拍摄

方法一：对于绝大多数人而言，拍摄短视频只需要一部手机就足够了。为了让视频有足够的清晰度，建议所使用手机的像素配置不低于 800 万。

方法二：对于更为专业的拍摄者而言，相机是更优之选。相较于手机，相机所拍摄的视频画质更为清晰，且能展现更多的细节。

方法三：无人机拍摄能够实现更为丰富多样的视角呈现，尤其适用于中远景画面的拍摄。

（2）短视频的剪辑

剪辑短视频首先要选择适合的视频剪辑软件，目前市场上视频剪辑软件非常丰富，专业级别的有 Adobe Premiere Pro、Final Cut Pro X、EDIUS 等，入门级别的有会声会影、剪映、爱剪辑等。无论采用哪种视频剪辑软件，剪辑的基本思路是一致的。

第一步：创造一个故事板块。这一步需要确定视频要讲述的故事或主题，并将其分成不同的部分。

第二步：选择镜头。这一步需要从素材中选择合适的镜头来展示故事板块。

第三步：剪辑镜头。这一步需要删除不需要的素材，整理好镜头的顺序，确保视频流畅且有条理。在这个过程中，可以根据需求进行剪切、拼接、调整视频速度等操作。这些操作工具都可以在视频剪辑软件中找到。

第四步：添加音频。这一步需要选择适合的音乐或音效来增加视频的表达效果。

第五步：调整时间轴。根据实际需要，调整镜头的长度以使视频更加流畅。

第六步：添加字幕。以剪映为例，它可以直接将视频中的文字或声音转化为字幕。

第七步：预览并保存视频。完成视频剪辑后，可以对视频进行预览，以确保它符合自己的要求。若没有任何问题，便可保存视频并将其分享给他人观看。在保存视频时，可以选择符合自己需求的视频格式，如 MP4、MOV 等。

操作练习

视频资源的获取与处理方法有很多，请通过完成表 4-9 中的学习任务，进一步熟悉相关内容，并根据完成情况进行自我评价。

表 4-9 视频资源获取与处理学习任务

序号	学习任务	完成情况
1	请搜索一个与你专业相关的微课，并下载。	☆☆☆☆☆
2	请使用视频平台（如优酷视频、爱奇艺等）下载一个广告视频。	☆☆☆☆☆
3	请用录屏软件录一段《新闻联播》的内容。	☆☆☆☆☆

续表

序号	学习任务	完成情况
4	请用手机拍摄一段一分钟的创意短视频，要求有场景变化。	☆☆☆☆☆
5	用 QQ 影音等视频播放器截取某个视频中的一段。	☆☆☆☆☆
6	请为 PPT 课件录制旁白后转换为视频。	☆☆☆☆☆
7	请将来源不同的视频片段裁剪、合并为一个视频文件，要求：具有基本的主题逻辑，片段之间过渡自然、流畅。	☆☆☆☆☆

4.3 基于 AIGC 的内容生成

2022 年年底，ChatGPT 的横空出世，掀起了人工智能生成内容（Artificial Intelligence Generated Content，AIGC）的热潮。AIGC 标志着人工智能从 1.0 时代迈入了 2.0 时代。若要使用 AICC，则需要了解与人工智能（Artificial Intelligence，AI）对话的基本原则和方法。

4.3.1 Prompt 的编写原则与模式

与 AI 进行对话时，我们需要向 AI 输入 Prompt（提示）。简单来说，Prompt 就是我们给予 AI 的指令，这些指令可以包括示例、命令或特定角色的描述等。Prompt 在引导 AI 完成各种任务中起着至关重要的作用。

1. Prompt 的编写原则

当我们在和 AI 交互时，了解 Prompt 的基本编写原则是十分重要的。我们在提交 Prompt 时，应当遵循以下原则，以确保 AI 能够更好地理解我们的意图并给出正确的回答。

（1）明确任务描述：在提交 Prompt 时，我们应该尽可能清晰明确地描述任务的具体信息，包括任务目标、所需操作、相关条件等。

（2）使用常用词汇：在提交 Prompt 时，我们应该使用常用的词汇和语言表达方式，避免使用生僻词和复杂的句式。

（3）考虑语境和上下文情境：在提交 Prompt 时，我们应该考虑语境和上下文情境，以便使 AI 能够获取更多的信息来理解我们的意图。

（4）提供多样化信息：在提交 Prompt 时，我们应该尝试提供多样化的信息，包括文字、图像、语音等，以促进 AI 更全面地理解需求。

（5）确定回答形式：在提交 Prompt 时，我们应该确定回答的形式，如文字、语音等，并确保 AI 可以合理地解析和输出这些信息。

此外，在与 AI 交互过程中，我们还应该尽量使用简短的句子提出问题，以便 AI 能快速、准确地回答问题。

2. Prompt 编写模式

常用的 Prompt 编写模式有以下四种，在日常使用时，我们可能会将这几种模式结合起来使用。

(1) 特定指令模式

在特定指令模式下，我们需要给 AI 提供一些特定信息，如问题或关键词，AI 需要生成与这些信息相关的文本。特定信息可以是单个问题或多个关键词。示例如下：

> 使用"翻译""告诉我"等关键字：
> - 翻译一下 Prompt Engineering
> - 告诉我 Prompt Engineering 的定义

在这种模式下，AI 可以完成补全句子、翻译、文本摘要、问答和对话等任务。这是最常用的 Prompt 编写模式。

(2) 指令模板模式

在指令模板模式下，我们可以给 AI 提供一些明确的指令，它需要根据这些指令生成文本。这种模式通常用于生成类似于技术说明书、操作手册等需要明确指令的文本。指令可以是单个句子或多个段落。示例如下：

> 让 AI 推荐三本中文科幻小说，可以这样写：
> 给我推荐三本中文科幻小说，推荐格式：1. 书名，2. 作者，3. 主要内容，4. 推荐理由。

在这种模式下，我们还可以将一段文本提供给 AI，让其按照我们给定的模板进行总结，例如，让 AI 提炼一篇论文的主要观点。

(3) 代理模式

在代理模式下，我们可以要求 AI 以特定的身份、角色来回答问题或生成内容。这种模式在模拟特定人物的语言风格和语境时尤为有用，从而生成特定情境下的对话、回答或其他形式的文本。示例如下：

> 假如你是一名小学语文教师，让 AI 设计一个课堂互动游戏，可以这样写：
> 我是一名小学语文教师，为了增强三年级学生对《不懂就要问》这篇课文的理解与兴趣，请你给我设计一个寓教于乐的课堂互动游戏。

(4) 示例模式

在示例模式下，我们可以给 AI 提供一些示例文本，它可生成与示例文本类似的文本。这种模式通常用于生成与示例文本相似的内容，如自动生成电子邮件、产品描述、新闻报道等。示例文本可以是单个句子或多个段落。

4.3.2 AIGC 使用领域及案例

随着技术的不断发展，AI 写作、AI 配乐、AI 视频生成、AI 语音合成以及近期备受瞩目的 AI 绘画等技术，在创作领域引发了广泛的讨论与关注。

1. AI 写作

常用的可以进行写作的 AI 模型有：文心一言、火龙果写作、秘塔写作猫等。下面，以文心一言为例，介绍如何运用 AI 模型进行写作。

案例 4-1

你现在要为一家新的咖啡厅创作广告文案，希望 AI 能够提供一些独特而又有吸引力的标语。

在这个案例中，如果我们给 AI 的 Prompt 只是"写一个咖啡店的广告语"，那么 AI 的回答可能很宽泛或空洞，很难满足我们的需求（如图 4-11 所示）。

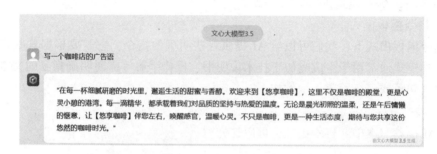

图 4-11　利用文心一言撰写咖啡店广告语（1）

要想获得更优质且符合自己需要的答案，需要给 AI 一个明确的、具体的 Prompt，如"请为一家注重环保的咖啡厅创作一条吸引人的广告语"（如图 4-12 所示）。

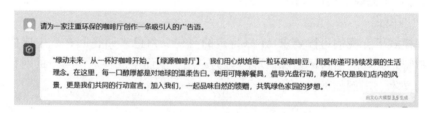

图 4-12　利用文心一言撰写咖啡店广告语（2）

在这个 Prompt 中，明确地告诉了 AI 目标（写一个广告语）、目标对象（咖啡厅）以及一些特定的信息（注重环保），这样 AI 就可以根据这些信息生成更贴近需求的内容。在实际应用中，我们可以根据需求不断地细化和调整 Prompt，引导 AI 生成自己需要的内容。

案例 4-2

你现在需要写一篇关于高校足球课程思政建设的文章，希望能得到 AI 的帮助。

如果我们给 AI 的 Prompt 是"请写一篇关于高校足球课程思政建设的文章"，AI 将会生成一篇相关的文章（如图 4-13 所示），但其结构和内容可能并不是我们所期待的。

第 4 章 信息化教学资源的获取与加工

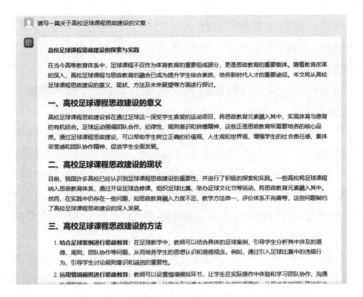

图 4-13　利用文心一言撰写"关于高校足球课程思政建设"的文章（1）

如果我们给 AI 一个明确的、具体的 Prompt，如"请写一篇关于高校足球课程思政建设的文章，内容包括高校足球课程思政建设的价值意蕴、构建逻辑、实践路径三个方面"。这样明确的 Prompt 会让 AI 按照给定的结构和内容进行写作，从而产生一篇更符合预期的文章（如图 4-14 所示）。

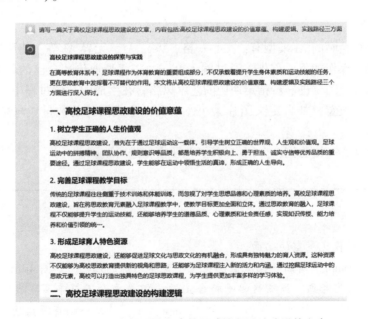

图 4-14　利用文心一言撰写关于高校足球课程思政建设的文章（2）

AI 写作模型还能提供以下功能：
（1）AI 纠错助手：帮助纠正拼写、语法等错误。
（2）AI 写作导师：帮助优化写作结构，生成文章大纲。

（3）AI 创意火花：提供有趣的创意素材，如精彩的图片。

（4）AI 风格顾问：提高文章的可读性。

（5）AI 文章概括：帮助精简文章，概括文章主题或主要内容。

（6）AI 翻译助手：提供翻译工具，跨越语言障碍。

在教育领域，教师也可以通过精准的 Prompt 来让 AI 写作模型协助自己的工作，以下是一些具体的应用案例：

（1）辅助教学：教师可以通过 AI 来辅助自己教学。例如，教师如果想在课堂上介绍一些关于翻转课堂的知识，可以使用如下的 Prompt：请解释什么是翻转课堂，并举例说明。AI 会根据这个 Prompt 提供详细的解释和例子，帮助学生理解这个概念。

（2）作业批改：教师可以让 AI 协助自己批改作业。例如，教师可以使用如下的 Prompt：请批改这篇关于翻转课堂的论文，并提供反馈。AI 会根据论文的内容和质量提供具体的反馈，帮助教师节省批改作业的时间。

（3）辅助学生学习：教师可以让学生通过 AI 进行自我学习。例如，学生如果想了解更多关于翻转课堂的知识，可以使用如下的 Prompt：请告诉我更多关于翻转课堂的知识。AI 会根据这个 Prompt 提供详细的信息，帮助学生了解更多的知识内容。

操作练习

请根据自己的专业，使用任意一种 AI 模型制订一份教学计划。

2. AI 绘画

常用的进行绘画的 AI 模型有：文心一格、Vega AI、无界 AI 等。使用这些 AI 模型进行绘画时，具体操作如下：首先，通过输入 Prompt，清晰地传达自己的创作意图；接着，通过添加风格参考图，进一步指定期望的艺术风格；在生成图片的过程中，还可以根据需要进行更精细的设置，如自定义图片大小、一次性生成图片的数量、与参考图的匹配程度、图片风格等。

下面，以文心一格为例，介绍如何运用 AI 模型进行绘画。

案例 4-3

让 AI 画一幅夜晚星空的画面。

我们输入 Prompt "请画一幅深蓝色夜空中繁星闪烁的画"（如图 4-15 所示），得到了如图 4-16 所示的星空画。虽然这幅画符合主题，但是画面不够丰富。我们如果想要画面中有更多细节，可以尝试进一步细化输入 Prompt，如 "请画一幅在深蓝色夜空中，银河清晰可见，田间小路上有萤火虫闪烁的画"（如图 4-17 所示），由于我们给出了更具体的描述，AI 生成的画面更加丰富（如图 4-18 所示）。

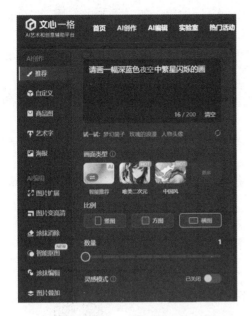
图 4-15 文心一格操作界面（1）

图 4-16 文心一格生成的图画（1）

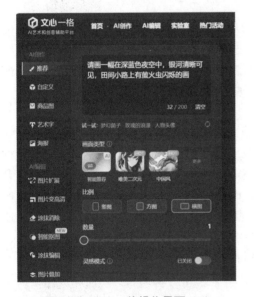
图 4-17 文心一格操作界面（2）

图 4-18 文心一格生成的图画（2）

由此可见，在利用 AI 模型绘画时，精准的 Prompt 能够帮助 AI 模型更准确地理解创作者的需求，并生成更加符合期望的图片。因此，提供 Prompt 时应注意以下几个要素：

（1）明确主题：首先要提供给 AI 模型一个清晰的绘画主题，如"夕阳下的海滩""森林中的小木屋"等。

（2）描述细节：除了明确的主题之外，还要添加一些关于具体细节的描述，如"海滩上有一棵椰子树""小木屋的窗户里透出温暖的光"等，以帮助 AI 模型生成更丰富、更具体的图片。

（3）使用形容词：用形容词来描述氛围、颜色、质地等，如"温暖的夕阳""静谧的森林"等，帮助 AI 模型理解创作者对图片的要求。

在利用 AI 模型绘画时，Prompt 的结构对于指导 AI 模型生成出创作者想要的图片非常重要。以下是一些常见的 Prompt 的结构：

（1）列举式：在这种结构中，创作者可以列举出想要在图片中看到的所有元素和细节。例如，"画一幅夕阳下的海滩，海滩上有一棵椰子树，海滩旁边是一片宁静的海"。

（2）描述式：在这种结构中，创作者可以描述想象中画面。例如，"在一片宁静的海面上，一棵孤独的椰子树矗立在夕阳下的海滩上"。

（3）指令式：在这种结构中，创作者可以直接描述具体的指令。例如，"在画面的中心画一棵椰子树，背景是夕阳下的海滩"。

操作练习

自选主题，使用 AI 绘画工具创作一本故事书，要求故事结构完整，画面风格统一，总页数不少于 10 页。

3. AI 语音合成

随着技术的不断发展，AI 语音合成技术的应用范围变得越来越广泛。从简单的语音提示到智能语音助手，再到语音合成翻译，这些应用需求不断涌现，AI 语音合成得到了前所未有的发展。目前市场上具有 AI 语音合成功能的 APP 非常多，如布谷鸟配音、配音鸭、熊猫宝库等，这些 APP 都简单易用，大家可以自行体验。

4. AI 视频制作

随着 AI 技术的普及，其在创意和艺术领域的应用也日渐增多。在这一趋势下，AI 视频制作工具应运而生。它们凭借先进的 AI 算法，能够自动从文本、图像、音频等多种数据源中生成视频内容。这些工具不仅为用户节省了大量的时间和成本，而且极大地提升了创作的效率和创新性。用户无须具备剪辑或设计方面的专业知识，只需输入想要表达的内容，并选择合适的模板或风格，AI 便会完成视频的剩余制作流程。目前，市场上的 AI 视频制作工具很多，基本都能实现自动识别视频内容，并根据用户提出的需求进行剪辑、合成、添加特效等操作。下面以腾讯智影为例进行详细说明。

腾讯智影是一款免费的云端智能视频创作工具，无须下载安装，只需通过浏览器访问其网站并进行免费注册即可进行在线视频剪辑和制作。腾讯智影不仅具有传统的视频剪辑、转场、滤镜、字幕、音乐等效果，而且基于腾讯的 AI 技术推出了数字人播报功能，以及 AI 文本配音、自动字幕识别、文章转视频、去水印、视频解说等功能，可以满足不同用户制作视频的需求。腾讯智影首页如图 4-19 所示。

（1）视频剪辑

使用浏览器访问腾讯智影官网，登录账户后，单击主页的"视频剪辑"即可进入视频剪辑页面（如图 4-20 所示）。腾讯智影可以提供丰富的模板、贴纸等资源。

第 4 章 信息化教学资源的获取与加工

图 4-19 腾讯智影首页

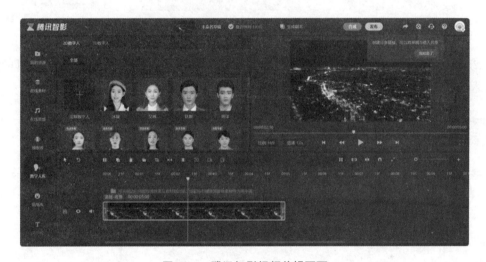

图 4-20 腾讯智影视频剪辑页面

（2）数字人播报

数字人播报是腾讯智影的特色功能，可以通过输入文本或上传音频文件，生成高品质的数字人播报视频。数字人是基于 AI 技术生成的虚拟人物形象，具有逼真的外貌和表情，可以模拟真人发音和口型。用户可以在腾讯智影上选择不同风格和性别的数字人角色，也可以定制自己喜欢的数字人形象和音色。

具体操作：使用浏览器访问腾讯智影官网，登录账户后，在首页单击"数字人播报"即可进入数字人播报定制界面（如图 4-21 所示）。在"数字人播报"界面可以借助各板块功能，完成数字人视频创作。

"数字人播报"功能支持两种驱动方式：

① 文本驱动：在文本输入框中输入或从本地电脑导入需要播报的文本内容，再选择数字人形象，可以生成数字人播报视频，还可以对视频细节进行调整。腾讯智影"数字人播报"页面还支持对输入文本进行改写、扩写和缩写，还可根据用户需求智能创作文本。

图 4-21 腾讯智影数字人播报界面

② 音频驱动：用户从本地电脑上传音频素材，视频合成后根据音频素材生成匹配的数字人播报视频。注意：上传的音频时长不要超过 30 分钟。

操作练习

请用腾讯智影创作一个数字人播报与实拍场景相结合的短视频，主题自选，时长 3 分钟。

第 5 章

信息化教学工具

学习目标

- 了解信息化教学工具的概念、功能特点及其分类
- 掌握常用的信息化教学工具的基本操作及其教学应用
- 掌握思维可视化工具的基本操作及其教学应用
- 掌握一个本学科的学科工具,并能将其应用于教学中

知识导图

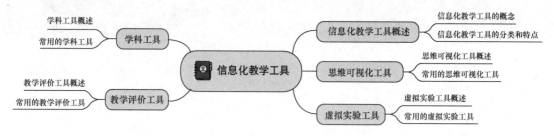

随着人工智能、云计算、大数据等技术的迅猛发展，信息化教学工具也在不断革新。2022年11月，教育部发布了《教师数字素养》教育行业标准，该标准将教师数字素养框架分为数字化意识、数字技术知识与技能、数字化应用、数字社会责任、专业发展等五个一级维度。在这个标准框架下，教师应了解人工智能、大数据等技术，具备应用数字资源和工具开展教学活动的能力，并且能够结合教育教学场景选择恰当的信息化教学工具。

5.1 信息化教学工具概述

5.1.1 信息化教学工具的概念

信息化教学工具是指帮助学生直观、形象地理解学科教学内容所使用的各类计算机软件,包括各种学习支架、建模工具、仿真模拟等。信息化教学工具可提高学生的学习兴趣,促进学生对复杂概念的理解,有利于学生观察能力和思维能力的发展。

教学工具和教学课件的区别在于教学工具是一种功能性的软件,一般不直接表达教学内容,而教学课件通常表现教学内容,体现教学思路。

5.1.2 信息化教学工具的分类和特点

1. 信息化教学工具的分类

随着技术的进步,各种信息化教学工具层出不穷、种类繁多。根据功能不同,可将信息化教学工具分为知识建构类、信息检索类、协作交流类、情境探究类、虚拟实验类、统计评价类等。

(1) 知识建构类

知识建构类信息化教学工具在现代教育中扮演着重要角色,它们有助于促进学生对知识的理解与建构。例如,思维导图工具可以帮助学生组织信息、构建知识体系;作曲工具降低了技术门槛,可以帮助学生更加高效创作。

(2) 信息检索类

当前,信息正以惊人的速度增长,教师和学生需要借助一些工具,如各类搜索引擎高效地获取信息和处理信息。

(3) 协作交流类

随着网络通信技术的发展,各种基于网络的同步与异步交流工具被广泛应用于教学,为课堂教学注入新的活力,如 QQ、微信、E-mail 等通信工具不仅是师生之间信息传递的媒介,而且是师生之间、生生之间深度对话、小组讨论与思想碰撞的桥梁。

(4) 情境探究类

教师根据教学的需要创设一定的问题情境,为学生提供质疑的空间,把问题引向教学重点,让学生在这些情境中发现问题、探究问题,有助于加强学生对学习内容的理解,提高其学习能力。例如,教师可利用情境探究类信息化教学工具为学生创设探究物体平衡的物理环境,提升学生的学习兴趣。

(5) 虚拟实验类

教师通过虚拟实验类信息化教学工具可营造三维情境,把具体的实验现象和抽象的概念联系起来,让学生透过现象探求本质,学生还可在虚拟实验环境中进行实际操作、观察现象、读取数据、科学分析,进而掌握科学探索的方法与途径。

（6）统计评价类

统计评价类信息化教学工具通过数字化、智能化的手段，为教学活动的统计与评价提供便捷、高效的解决方案。例如，问卷星等工具可进行调查统计与在线考试，SPSS 软件可对大量数据进行深入统计分析。

2. 信息化教学工具的特点

信息化教学工具主要有以下三个方面的特点：

（1）方便快捷，具有较强的针对性

有的信息化教学工具是针对某一学科的某方面知识，甚至是某一知识点而设计的，具有针对性强的特点。例如，利用电路实验工具，学生可以自主选择不同的实验元件，并将元件按照学习需求组装成电路，通电后可以看到电流的流动方向，也可以加入其他元件，以测试电路的状态和变化。

（2）生动形象，具有较强的趣味性

信息化教学工具的画面设计美观、声图并茂，为学生的学习创造了良好的学习情境，使学生更容易进入学习状态，从而激发学生的学习兴趣，提高学生的学习效率。例如，使用虚拟实验类工具可以仿真模拟物理、化学等学科的实验操作，使抽象、枯燥的学习内容变得生动形象。

（3）交互性强，支持知识的建构

信息化教学工具交互性强，能够让学生充分地参与到整个学习过程中，并帮助学生进行知识建构。例如，函数图像是数学教学的重点、难点，通过软件可以动态展示函数的形成方式，使学生能够更加深刻地理解函数图像的知识。

讨论交流

请根据自己的学习经历，回答以下问题：

你了解哪些信息化教学工具？你曾经使用过的信息化教学工具有哪些？它们有什么特点？

5.2　思维可视化工具

5.2.1　思维可视化工具概述

思维可视化是一种以数据可视化、计算可视化和信息可视化为基础，促进知识的传播和创新的技术。简而言之，思维可视化就是把不可见的思维结构、思维方法、思考路径，通过图示或图示组合呈现出来。常见的思维可视化工具有概念图和思维导图。

1. 概念图

概念图（如图 5-1 所示）是美国康奈尔大学的约瑟夫·诺瓦克博士基于有意义学习的理论所提出的一种教学技术。这种技术不仅被用作教学工具，还被广泛应用于学习和知识管理领域，以帮助人们更好地组织和表征知识。

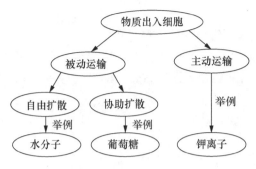

图 5-1 概念图举例

概念图有如下特点：①图形化表示，即通过圆圈、方框等图形元素以及它们之间的连线来直观地表示相关概念及它们之间的关系。②层次化结构，即通常具有从上至下的层次结构，最上层的概念最为抽象和广泛，随着层次的深入，概念逐渐变得具体和详细。③意义关系，即连线上会标明两个概念之间的意义关系，如包含关系、因果关系、相似关系等，以明确它们之间的逻辑联系。概念图有鱼骨图、括弧图、桥接图和维恩图等多种形式。

2. 思维导图

思维导图（举例如图 5-2 所示）由英国心理学家托尼·博赞发明。思维导图的核心在于其放射状和辐射性的表现形式，这种形式使得人们能够围绕一个中心主题，自由地展开联想和思考，将相关的内容、观点、想法等以图形化的方式呈现出来。在思维导图中，各个节点（代表不同的概念、想法或任务）通过线条或箭头相连，清晰地展示了它们之间的联系。在绘制思维导图时，图文并重的技巧至关重要。通过将关键词与图像、颜色等建立记忆连接，人们将更容易记住和理解信息。

图 5-2 思维导图举例

在教学中，教师可以通过应用各种思维可视化工具，促进学生对知识的理解，提高课堂教学质量。例如，教师可以引导学生自己绘制概念图，从而促使学生构建起知识间的联系；还可以通过思维导图向学生展示思维过程，使新的概念更容易被学生接受和理解。

5.2.2 常用的思维可视化工具

1. MindManager

MindManager 是一款非常实用的思维可视化工具，具有直观简洁的图形化界面，且操作便捷。利用 MindManager，用户可以轻松创建各种类型的思维导图，从而更好地组织和管理信息，提高工作和学习效率。

利用 MindManager 创建思维导图的操作步骤如下：

（1）打开 MindManager 后，单击"新建"选项卡选择合适的空白模板或本地模板（如图 5-3 所示）后，单击"创建导图"按钮，即可创建一个 MindManager 文件。

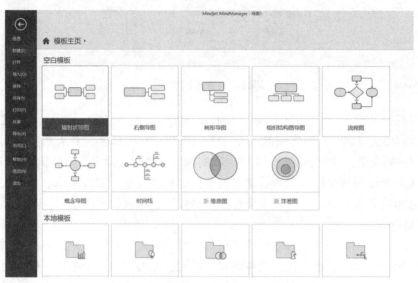

图 5-3　MindManager 的"新建"操作界面

（2）填写中心词。在核心主题框中填写本思维导图的中心词。

（3）添加/减少分支。选中核心主题，按 Enter 键即可生成一个一级分支；选中分支，按 Insert 键即可增加下级分支，按 Delete 键可减少分支。操作界面如图 5-4 所示。

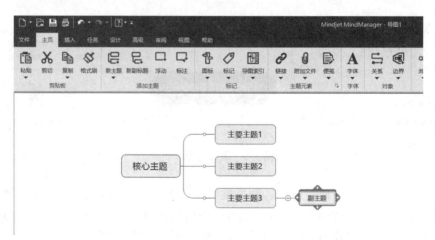

图 5-4　MindManager 的"添加/减少分支"操作界面

（4）修改主题样式。右击需要修改主题样式的方框，在弹出的快捷菜单（如图 5-5 所示）中可对主题样式、主题形状等进行设置；还可以添加链接，即将本地文档或文件的链接插入这个思维导图中，单击链接即可打开文件。

（5）保存。编辑完成后可将其保存至本地电脑的适当位置。

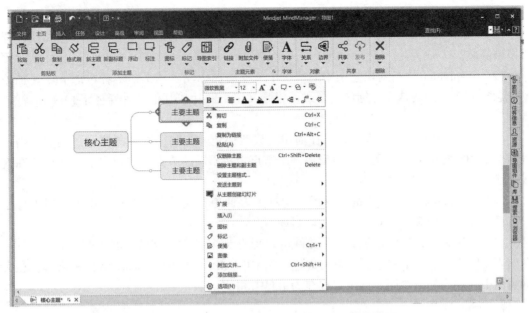

图 5-5　MindManager 的"修改主题样式"操作界面

2. Inspiration

Inspiration 是美国 Inspiration 公司开发的一款专用概念图软件,其操作界面如图 5-6 所示。Inspiration 的用户群体广泛,操作界面直观、易用,可以非常形象地表达抽象思维及复杂概念之间的关系。

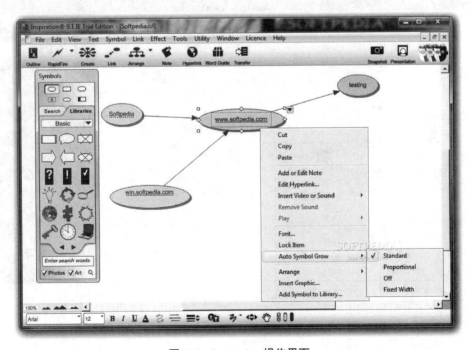

图 5-6　Inspiration 操作界面

在教学中,师生可以利用 Inspiration 来组织管理知识概念、命题和各类教学信息,可以进行概念图的制作、任务的计划和组织、复杂思维的表征及图表和大纲的制作。

Inspiration 软件特点如下：

（1）利用 Inspiration 制作的概念图，除了主题概念外，它的每一个层级节点和注释都可以被隐藏。

（2）Inspiration 支持对概念图中的每一个节点添加标注，使得初学者对该节点（抽象的概念）有更深刻的认识；标注的形式可以是文字、图片或其他各种媒体形式（如音频、视频等）。

（3）Inspiration 的界面直观、操作简单、修改便捷。与利用纸笔画概念图类似，用户只需要拖动符号框并输入文字即可形成一个节点，在不同的节点之间拉出箭头连线并在连线上输入节点之间的关系就能够形成一个命题。

（4）Inspiration 拥有丰富的素材库，包括上万种静态或动态的图形、符号，还支持用户自己添加、创建和导入新的素材到素材库。

（5）Inspiration 所生成的概念图文件可以保存为多种文件格式，具有良好的兼容性。在图表视图中，制作的概念图文件可以输出为 GIF、JPG、BMP 及 WMF 等四种格式；在大纲视图中，制作的概念图文件可以保存为 HTML 格式。

3．Xmind

Xmind 是一款功能强大的思维导图软件，其提供丰富的样式和主题，不仅可以绘制思维导图，还能绘制鱼骨图、二维图、树形图、逻辑图、组织结构图等。该软件能够灵活定制节点外观、插入图标；支持将思维导图导出为图像、PDF、文本等多种常见格式，使用户可以方便地与他人共享和交流。其操作界面如图 5-7 所示。

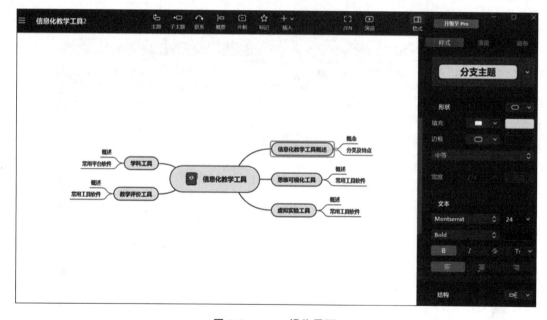

图 5-7　Xmind 操作界面

讨论交流

请你向其他同学推荐一款你常用的思维导图工具，并将其相关信息填写在表 5-1 中。

表 5-1　常用思维导图工具推荐表

推荐软件		下载地址	
软件优点			
软件缺点			
效果截图			

5.3　虚拟实验工具

5.3.1　虚拟实验工具概述

随着科技的不断发展，虚拟实验技术已经成为现代科学研究的重要手段之一。虚拟实验工具是利用计算机软件和算法创建的模拟真实或假想的实验环境和过程的交互式系统。它给操作者带来身临其境的感觉，能够支持多种类型实验项目的操作。虚拟实验工具还能显著减少在真实实验操作过程中可能遇到的危险，尤其适用于理论验证、技能训练和危险实验的模拟。

虚拟实验工具具有以下特点：

（1）仿真性高。虚拟实验工具是利用计算机软件和算法模拟真实或假想的实验环境，尤其适用于那些在现实中由于极端条件、危险环境或缺乏理想化条件而无法直接进行的实验。例如，物理学中的某些摩擦力实验和理想斜面实验在现实中难以实现，就可以通过虚拟实验工具进行。

（2）开放性强。虚拟实验工具可以打破现实操作中对于时间和地点的限制。例如，可以利用虚拟实验工具模拟宇宙中的现象。

（3）成本低廉。在现实的实验操作中用到的很多仪器都是高精尖设备，它们价格昂贵，对灵敏度要求高，还需要定期更新换代，而虚拟实验工具的应用有助于减少实体设备的投入与损耗。

（4）安全性高。物理的电学实验、化学的爆炸实验和强酸碱实验都具有一定的危险性，借助虚拟实验工具模拟这些实验，可降低风险。

5.3.2　常用的虚拟实验工具

虚拟实验工具有很多，下面重点介绍 PhET、NOBOOK 虚拟实验室、phyphox 等虚拟实验工具的应用。

1. PhET

（1）基本情况

PhET（官方网站首页如图 5-8 所示）的全称是 Physics Education Technology（物理教育技术），是一个非营利的教育项目。PhET 利用仿真技术，通过趣味互动的游戏方式，帮助学生理解晦涩难懂的概念以及蕴藏的数理关系，从而提高学生对学习的兴趣。

PhET 提供了一系列仿真演示程序，涵盖了物理、化学、数学、地理、生物等学科，供用户免费下载使用。

图 5-8　PhET 官方网站首页

（2）PhET 的操作指南

第一步，进入 PhET 官方网站。学生无须注册即可在线使用，教师若需使用实验指导功能，则需注册登录。

第二步，单击相应的学科，就能看到与该学科相关的实验（如图 5-9 所示）。在该页面可继续选择子类型，如年级等。

图 5-9　PhET 实验选择界面

第三步,单击相应的实验,即可查看(如图 5-10 所示)、下载或嵌入该实验。

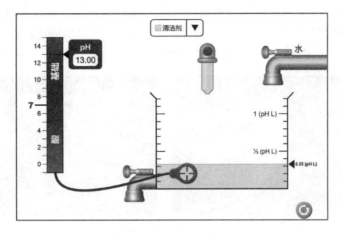

图 5-10　查看实验界面

操作练习

登录 PhET 官方网站,浏览网站内容,选择一个物理或化学实验,尝试实验演示操作。

2. NOBOOK 虚拟实验室

(1)基本情况

NOBOOK 虚拟实验室是一款由北京乐步教育科技有限公司研发的虚拟实验工具,由虚拟实验系统、实验测评系统、乐趣课堂三部分组成,提供小学、初中、高中三个学段的线上虚拟实验,涵盖物理实验、化学实验、生物实验、小学科学等四个学科(如图 5-11 所示)的教学内容。

微课

NOBOOK 虚拟实验室简介

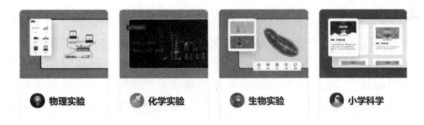

图 5-11　NOBOOK 虚拟实验室的学科分类

NOBOOK 虚拟实验室以其强大的功能和广泛的资源覆盖面,为教师教学提供了全方位的支持。该平台设计紧密贴合实际生活场景,为课堂教学打造了可个性化定制实验的空间。同时,该平台紧跟国家课程标准的变化,针对不同版本的教材提供了极具针对性的教学资源。此外,它还内置了社区功能,为使用者与开发者之间,以及使用者之间的相互沟通交流搭建了平台。NOBOOK 虚拟实验室涵盖非常丰富的实验资源。例如,NOBOOK 物理实验室包含 200 多个经典实验,涉及声、光、热、力、电五个部分。模拟仿真实验效果逼真，从实验器材到实验过程，能够让学生真实地体验物理实验的乐趣，其物理实验演示过程如图 5-12 所示。NOBOOK 化学实验室共有 100 多个实验，包含无机化学实验和结构化学实验。平台还提供了多样的化学仪器和药品，丰富的化学实验演示动画，三维实验效果逼真，学生能够自主进行实验探究，其化学实验演示过程如图 5-13 所示。

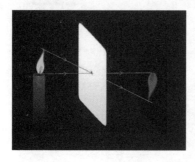
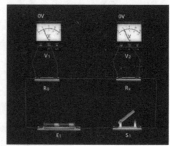

图 5-12　物理实验演示过程

图 5-13　化学实验演示过程

（2）教学应用案例

虚拟实验工具能够将现实情境中无法操作的实验转化为简单直观、易于理解的虚拟仿真实验。以家庭电路实验为例，在传统的教学模式中，教师往往只能依赖粉笔在黑板上画出电路图，不可能将 220 V 的高压电引入课堂供学生实际操作。而利用 NOBOOK 虚拟实验室，教师可以自由组合搭建所需的电路，从而生动直观地向学生展示实验原理，如图 5-14 所示。这种方式不仅增强了教学的互动性，还极大地提高了学生的学习兴趣和效果。

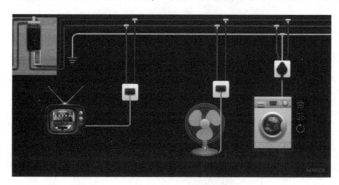

图 5-14　家庭电路虚拟实验

> 技能学习

登录 NOBOOK 虚拟实验室官方网站，下载并安装 NOBOOK 虚拟实验室，并通过观看案例视频，尝试使用 NOBOOK 虚拟实验室开展物理、化学实验。

3. phyphox

（1）基本情况

phyphox 也称手机物理工坊，是由德国亚琛工业大学开发的一款物理实验手机软件。这款软件可以利用手机内置的传感器，根据手机的运动状态及周围环境进行实时数据测量。它支持多种物理实验，包括力学、声学、电磁学和光学等领域。

（2）教学应用案例

phyphox 拥有丰富的物理实验资源和便捷的操作界面，教师可以利用其进行物理实验教学，提高学生的实践能力和学习兴趣。例如，利用 phyphox 进行超重与失重实验，学生可以手持装有 phyphox 软件的手机，通过改变手机的上下运动，软件就可实时捕捉并显示加速度变化曲线（如图 5-15 所示）。这种直观的图像展示，能让学生深刻地理解加速度方向与重力加速度的关系对超重与失重现象的影响。在课堂演示时，教师还可以使用 phyphox 的远程访问功能，将图像呈现在大屏幕上，方便教学。

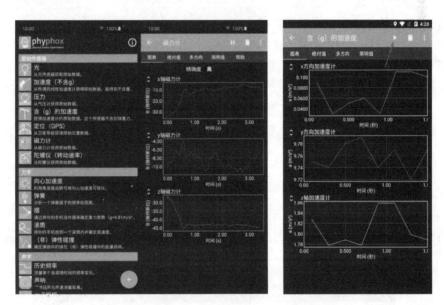

图 5-15　phyphox 中加速度变化曲线

> 操作练习

手机下载并安装 phyphox，利用其中的"声学"工具，观察自己讲话的波形、观察音乐的波形、测量自己讲话的频率，并将观察数据截图保存。

5.4 教学评价工具

5.4.1 教学评价工具概述

教学评价工具是教育评价过程中用于测量、分析和评定教学活动及其结果的重要手段和方式。智能技术所支持的教学评价工具，更加强调对学习过程的个性化、多元化评价，能够自动捕捉并细致分析学生的学习活动轨迹。在此基础上，智能技术还能即时为学生提供精准的学习反馈以及直观、可视化的评价结果，从而促进学生的成长。

按照评价的时间特性，教学评价工具可划分为形成性评价工具与总结性评价工具。

1. 形成性评价工具

形成性评价工具是教育评价中用于在教学过程中持续收集、分析和反馈学生学习情况的一类工具。这类工具能够即时反馈学生的学习状况，帮助学生识别并巩固模糊的知识点。同时，这类工具也为教师提供了深入了解学生实际情况的窗口，有助于教师灵活调控教学进程，优化教学策略。ClassDojo、Quizizz、Kahoot 以及基于问卷星设计的评价量表等都属于形成性评价工具。

2. 总结性评价工具

总结性评价工具是在教学活动或项目结束后，为了解其最终效果而使用的一类工具。总结性评价工具的核心形式之一是试卷。随着智能技术的发展，在线测试等工具开始兴起，如 EasyTest、考试云、轻速云等。这些工具不仅支持试题的便捷导入、导出与编辑，还能根据预设的题库自动组卷，满足了教学过程中常规测试、学业水平测试以及学生自主测试的需求。这些工具不仅减轻了教师的工作负担，还显著提升了测试的便捷性和安全性。

5.4.2 常用的教学评价工具

1. ClassDojo

ClassDojo（其界面如图 5-16 所示）是一款能够帮助教师管理、跟踪学生行为，对学生行为进行及时评价，并最终达到提高课堂质量的管理系统。

图 5-16 ClassDojo 界面

ClassDojo 主要有以下几点优势：

（1）操作简单便捷

教师通过简单的注册流程即可快速登录 ClassDojo 并进行使用。班级创建与管理流程非常简单，可支持从 Word 或 Excel 中直接导入学生名单，并自动为每位学生分配虚拟人物头像，便于教师识别。教师只需轻点学生头像，即可对其进行个性化评价。

（2）即时评价机制

利用 ClassDojo，教师可对学生在课堂上的表现进行即时评价。教师只需要在 ClassDojo 中选择需要评价的学生的头像，并选择评价类型，然后输入具体评价内容即可。例如，教师可以指出学生哪些方面值得表扬，哪些地方需要改进。ClassDojo 不仅支持教师对个人进行评价，还支持其对小组进行整体评估，并可自动生成个人及全班范围的周期性（每周、每月、每学期）评价图表与报告，助力教师深入分析并优化教学策略。

（3）家校沟通桥梁

ClassDojo 还搭建了家校沟通的桥梁，教师可以邀请家长参与课堂互动。家长在 ClassDojo 能够实时查看自己孩子的课堂表现，以及了解孩子所在班级的情况，增强了家长对孩子学习生活的了解与参与感，间接促进了家校共育。

除此之外，ClassDojo 还具备丰富的课堂管理功能，如记录班级出勤情况、利用计时器辅助完成教学任务等。

2. 问卷星

问卷星是一个专业的在线问卷调查、考试、测评、投票的平台，专注于为用户提供功能强大、个性化的在线设计问卷、采集数据、自定义报表、调查结果分析等系列服务。在教育领域，问卷星同样发挥着重要作用，尤其在教学评价方面表现出色。

教师可以通过问卷星设计测评问卷（如图 5-17 所示），然后将其发放给学生并要求其完成，以此来对学生的能力进行摸底，掌握学生的基本学情。在设置测评问卷时，问卷星支持批量添加题目、文本导入等功能，同时还支持多样化的题型设置。

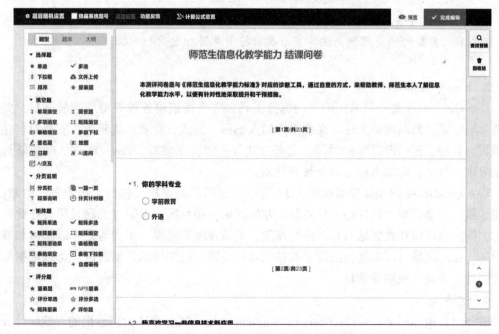

图 5-17　问卷星的测评问卷设计

学生完成测评并提交后，问卷星可以提供实时、详细的数据反馈及可视化的统计结果（如图 5-18 所示）。教师可以随时了解学生的完成情况、成绩分布以及错题情况，为后续教学提供参考。

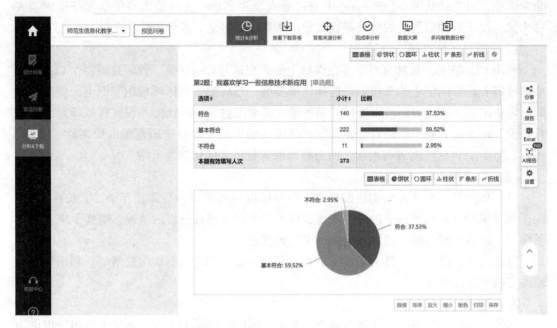

图 5-18 问卷星可视化统计结果

操作练习

登录问卷星网站，设计一份"师范生信息化教学能力调查问卷"，要求该问卷包含 5～10 个不同类型的调查问题，设计完后要求将问卷进行发放和回收。

3. Free QuizMaker

Free QuizMaker 是一款常用的互动练习工具，它支持创建各种类型的测验题目，如选择题、填空题、判断题等，还可在题目中插入图像、公式、音频、视频等；支持对创建的测验进行管理，包括设置测验时间、监考方式等；测验完成后，Free QuizMaker 能够自动对结果进行评估，并给出相应的分数和反馈。

Free QuizMaker 的操作界面如图 5-19 所示。顶部是菜单栏，包括发布预览、剪贴板、常用工具、屏幕类型及软件相关信息等。左侧区域为题目区，编辑过的题目将会在此区域显示，同时也可以在此区域对题目进行删除、重新排序等操作。中间为题干编辑区和答案选项区，在此区域可以对题目的题干与选项进行设置。右侧区域是素材区，可以根据需要插入图片、音频、视频等素材。

4. SPSS

SPSS（Statistical Product and Service Solutions）是一款由 IBM 公司推出的专业统计分析

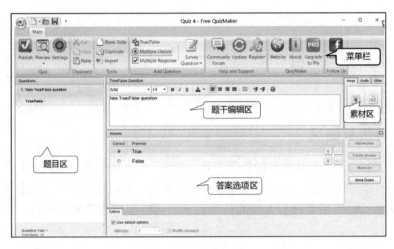

图 5-19 Free QuizMaker 的操作界面

软件，它广泛应用于自然科学、技术科学和社会科学的各个领域。SPSS 集数据录入、整理、分析功能于一身，为用户提供了强大的数据处理和分析能力。

SPSS 的基本统计功能包括：样本数据的描述和预处理、假设检验（包括参数检验、非参数检验及其他检验）、方差分析（包括一般的方差分析和多元方差分析）、列联表、相关分析、回归分析、聚类分析、判别分析、因子分析、时间序列分析、可靠性分析等。SPSS 可以生成直观、清晰的统计图表（如图 5-20 所示），可以形象地对原始数据进行各种描述。教师可以通过 SPSS 对学生的考试成绩进行统计分析，包括平均分、标准差、频数分布等，以了解学生的学习情况。同时，教师还可以通过 SPSS 进行不同班级、不同教学方法之间的成绩比较，以评估教学效果。

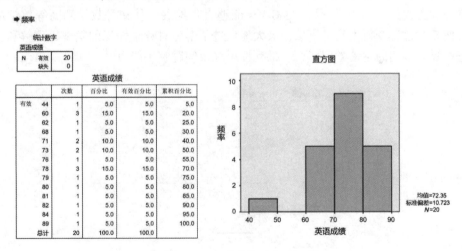

图 5-20 利用 SPSS 生成统计图表

5.5 学科工具

5.5.1 学科工具概述

学科工具是指应用于具体学科的教学工具。学科工具一般包括计算机软件类工具和传统的教具教材等,本节所说的学科工具均指计算机软件类工具。这些学科工具针对某一学科而设计,操作简单,对使用者没有太多的技术要求;同时能增强课堂趣味性,吸引学生的注意力。

5.5.2 常用的学科工具

1. GeoGebra

GeoGebra 是一款数学教学软件,它是由奥地利林茨大学的数学教授马库斯·霍恩沃特设计的。GeoGebra 可以帮助教师出题、出卷,进行课堂教学演示,布置课后作业等,使得教学过程更直观、生动并富有启发性。GeoGebra 还提供了丰富的自学资源和练习题,帮助学生掌握并应用数学知识解决实际问题。

GeoGebra 的特点如下:

(1)可视化功能

GeoGebra 在数学教学演示中展现出强大的可视化功能。它不仅能够轻松绘制二维图形,还能创造出精美的三维图形,同时允许教师对图形的动画、色彩、标签及说明等属性进行详细设置,如图 5-21 所示。GeoGebra 能够直观地展示从初等数学到高等数学的基础知识,使教学过程变得生动且形象,极大地促进了学生对数学知识的发现、理解和构建过程,进而提升他们的主动学习能力、批判性思维及问题解决能力。

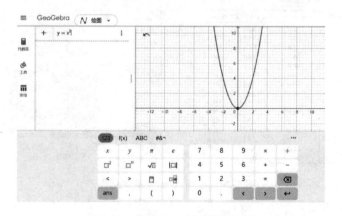

图 5-21 利用 GeoGebra 绘制图形

(2)操作简单

相对于其他的数学软件而言,GeoGebra 的操作更加简单、容易上手。它集成了大量直观易用的作图工具，用户只需轻轻点击鼠标，就能迅速绘制出点、线段、直线、向量、多边形、平面乃至复杂的空间几何体等。

（3）支持脚本程序

GeoGebra 不仅提供直观的图形界面和强大的作图工具，同时还支持更深层次的脚本程序，包括 GeoGebra 专属脚本和 JavaScript 通用脚本。这些脚本程序能够极大地扩充软件的功能，使用户能够执行更复杂、更高级的操作。通过这样的方式，用户得以从软件设计者所设定的基础框架中解放出来，根据自己的教学或学习需求，编写出用途更广、功能更强、更具个性的课件。

（4）免费开源

GeoGebra 完全免费，用户可以自由下载和使用，软件的使用不受任何因素的制约，能满足不同地区、不同层次师生教学的需要。

2. 纳米盒

纳米盒（界面如图 5-22 所示）是一款中小学英语、语文、数学同步学习辅导软件，主要服务于预习、复习、巩固等学生课后学习场景。纳米盒包括同步学、课外阅读、精品微课、云打印等功能模块，其中同步学功能模块提供与课本同步的预习、复习、练习、拓展等资料，课外阅读模块提供了丰富的课外阅读资源。除此之外，纳米盒还设置有家长助手，可以让家长查看孩子的学习报告、为孩子制订学习计划。

图 5-22　纳米盒 APP 界面

3. Google Earth

Google Earth 是一款虚拟地球的软件，能将大量的卫星照片、航拍照片和地理信息系统数据布置在地球的三维模型上，用户可以从全新的角度来浏览地球。软件中展示了一个可以缩放的立体地球仪，通过鼠标操作可对其进行转动、缩放等操作，大到海陆山川，小到某个城市街道上的一辆车都可以尽收眼底，其操作界面如图 5-23 所示。

图 5-23　Google Earth 界面

Google Earth 的功能非常强大，与地理教学相关的功能有：

（1）地点搜索功能。学生能够检索并在 3D 视窗中切换到查询的位置。

（2）三维地形显示功能。学生可以浏览许多重要山脉的三维模拟地形，如秦岭、喜马拉雅山脉等。

（3）全球经纬网显示功能。教师利用 Google Earth 讲解经纬网可使经纬网的概念变得更加直观，更利于学生掌握相关知识。

（4）显示阳光功能。教师和学生可以用其来观看昼夜交替、极昼、极夜现象以及虚拟的日落、日出现象。

操作练习

请大家结合自己的学科专业，选择一款学科工具，进行教学设计与实施。

讨论交流

在你的学科专业领域，还有哪些常用的学科工具？请你填写在表 5-2 中，并分享给大家。

表 5-2　常用的学科工具推荐表

软件（网站）名称	功能特点	下载地址

参考文献

［1］王强. 基于 GeoGebra 高中立体几何教学的实践与研究［D］. 扬州：扬州大学，2021.

［2］马秀芳，柯清超. 新编现代教育技术应用（微课版）［M］. 上海：华东师范大学出版社，2023.

［3］惠宇洁. 智能手机在物理实验教学中的应用探讨：以 Phyphox 软件为例［J］. 物理教学探讨，2018（7）：70—72.

［4］阮士桂，郑燕林. 课堂数据可视化的价值与教学应用［J］. 现代远程教育研究，2016（1）：104—112.

［5］盘俊春. 专注于小学生学习的纳米盒［J］. 中国信息技术教育，2016（6）：59—60.

第 6 章

演示型课件的设计与制作

学习目标

- 了解演示型课件及其制作工具
- 能熟练应用各类图表,做到图形化表达
- 理解动画设计、多媒体设计与交互设计
- 能制作出高质量的 PPT 课件

知识导图

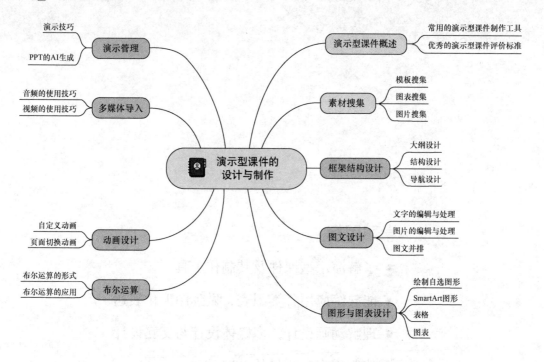

通过前面的学习，我们已经能够收集并按需要处理教学资源。为了更好地使用这些资源，我们往往需要将资源进行集成、管理。演示型课件是教学中最常用的一种资源集成和管理载体，是教学中最常见的课件形式。演示型课件的制作质量是影响教学效果的重要因素，值得我们关注和研究。

6.1 演示型课件概述

演示型课件是多媒体课件的一种，这种类型的课件主要应用于课堂教学，在多媒体教室或多媒体网络环境下，由教师向全体学生播放，用于演示教学过程、创建教学情境或进行标准示范等。它是为了解决某一学科的教学重点与难点而开发的，注重对学生的启发、提示，反映问题解决的全过程；其设计的主要目的是揭示教学内容的内在规律，将抽象的教学内容以形象、具体的形式表现出来。

广义上的演示型课件可以分为演示文稿（即 PPT[①]）、视频、互动模拟、虚拟实验、漫画或动画、交互式课件等。狭义上的演示型课件主要指 PPT。本章所讲述的演示型课件指的是狭义上的演示型课件，即 PPT。

6.1.1 常用的演示型课件制作工具

目前，演示型课件的制作工具较多，常用的有 Microsoft PowerPoint、WPS Office、Keynote 讲演、课件大师、Focusky 万彩演示大师等。

1. Microsoft PowerPoint

Microsoft PowerPoint 是微软公司开发的 PPT 制作软件，也是目前使用最为广泛的 PPT 制作软件。它操作简单，支持将文字、图片、动画等元素相结合，很适合教师制作课件。

2. WPS Office

WPS Office 是由金山软件股份有限公司自主研发的一款办公软件套装，包含 WPS 文字、WPS 表格、WPS 演示等功能模块。其中，WPS 演示模块可以较好地满足教师制作课件的需求。它和 Microsoft PowerPoint 的功能类似，但相对而言，WPS 演示的素材和模板更为丰富。

3. Keynote 讲演

Keynote 讲演是苹果公司开发的一款 PPT 制作软件，其拥有简洁、美观且直观的用户界面，易于操作。不过它的兼容性比较差，仅适用于苹果公司的设备。

4. 课件大师

课件大师内置多种 PPT 课件常用模板，可帮助教师在短时间内制作一个内容丰富的课件。同时，它还有着非常清晰的树状页面编辑结构，以及拥有非常强大的图形图像处理能力。

5. Focusky 万彩演示大师

Focusky 万彩演示大师是一款新型 PPT 制作软件，教师用它可以轻松创建思维导图风格的动态 PPT，还能一键套用在线模板快速制作 PPT。它支持 3D 动态演示，这可以更好

[①] PPT 最初是指制作演示文稿的软件 Microsoft PowerPoint，但现在，人们已经习惯用"PPT"这个词指代演示文稿，例如，"制作 PPT"实际上就使用相关工具制作演示文稿。本书中提到的 PPT 均指代演示文稿。

地丰富课件演示内容，帮助教师吸引学生的注意力。

6. 布丁演示

布丁演示是一个在线动态 PPT 制作平台。其操作方便，易于上手，教师无须下载客户端，通过浏览器访问即可使用。布丁演示提供了丰富的在线精美模板，以及各种图片背景、动画组件、学科公式等素材，能帮助教师制作出高质量的 PPT。PPT 制作完成后，还能通过链接分享，并支持多种导出格式。

6.1.2 优秀的演示型课件评价标准

令人惊艳的
PPT 长什
么样？

什么是好的演示型课件？好的演示型课件有什么标准？

1. 教学性

课件是为了达到特定的教学目标、体现具体的教学策略和教学设计思想而设计制作的教学资源。如果一个课件体现不出一定的教学策略与教学设计思想，那么它就只是教学内容的堆砌。

演示型课件体现教学性的标准：

（1）课件中有通过思维导图、导航、超链接等方式组织教学内容。
（2）教学内容以恰当的文字、图片、动画等媒体形式呈现。
（3）教学内容的呈现顺序符合学生的认知规律。
（4）同一时间呈现的教学内容数量不会给学生造成负担。
（5）教学内容的组织具有一定的逻辑性。
（6）课件中体现了教学策略与教学设计思想等。

2. 科学性

课件的科学性一方面体现在课件内容的严谨性上，课件内容没有知识性、逻辑性、科学性错误；另一方面体现在课件的表现形式、使用媒体素材要符合教学规律上，课件中的文字、图表、动画、视频都必须是适合所面向的学生群体的。

演示型课件体现科学性的标准：

（1）内容呈现的结构应符合学生的认知规律，满足教学要求。
（2）素材选用恰当，表现方式简洁合理。
（3）教学内容正确，无科学错误。
（4）文字、符号、单位和公式符合国家标准。

3. 艺术性

课件的艺术性主要是指课件是否美观，例如，界面的设计、图文的排列、色彩的搭配等，应尽量做到简洁统一。

演示型课件体现艺术性的标准：

（1）色彩搭配和谐。
（2）字体风格统一，避免使用过多字体种类。
（3）导航的方式与位置尽可能一致。
（4）统一的音效，包括操作的提示音和背景音乐。
（5）用尽可能少的动画方式，除必须要借助动画表现课件内容和控制课件内容展现顺序外，过渡性的动画与切换效果尽可能统一。
（6）使用风格一致的模板或背景。

4. 技术性

课件的技术性是指课件开发所使用的工具及课件运行的兼容性与稳定性。

演示型课件体现技术性的标准：

（1）课件能在不同的计算机上打开并正常演示，例如，字体能够正常显示，外部链接文件能正常打开或播放。

（2）课件播放流畅，没有"卡顿"现象，没有导航、链接错误。

（3）课件内容加载速度快，声音与画面同步。

（4）课件交互合理，启动时间、链接转换时间短。

操作练习

请从"好课件"等网站下载一些中小学教学课件，并从教学性、科学性、艺术性和技术性四个方面对其进行评价。

6.2 素材搜集

制作 PPT 课件的第一步是搜集素材，包括模板、图表、图片等数字素材。

6.2.1 模板搜集

模板相当于 PPT 的骨架，标准模板应该包含主题字体、主题效果和背景样式等内容。一套好的模板可以让一个 PPT 的视觉效果得到提升，大大增加其可读性和观赏性，同时也可以使 PPT 内容思路更清晰、逻辑更严谨，更方便处理图表、文字、图片等内容。一般的 PPT 制作工具都自带非常丰富的模板，除此之外，常用的 PPT 模板下载网站有无忧 PPT、第一 PPT 等。

6.2.2 图表搜集

在制作 PPT 课件时，我们应尽量将抽象的文字、数据转换为形象、直观的图表。PPT 图表主要有数据图表（饼状图、柱状图、折线图等）和图示（表示各种关系的逻辑结构图或框架图）两大类。一般的 PPT 制作工具都自带非常丰富的图表库，除此之外，我们还可通过搜索引擎搜索 PPT 图表并下载、备用。

6.2.3 图片搜集

高质量的图片不仅能为 PPT 课件增色，而且还有助于解释知识和吸引学生的注意力。我们可以通过"4.2.2 图像资源的获取与处理"一节中的方法搜集图片资源，还可以通过一些专门的图片库（如视觉中国、站酷等）下载图片。

素材准备除准备模板、图表、图片外，有时还需要下载一些案例、声音文件等。所有素材准备完毕后，应分类整理，以备需要时取用。

操作练习

目前流行的PPT图表模板有简约风、科技风、商务风、清新风等多种风格,请下载四种以上风格的图表,并比较其在设计上有哪些不同。

6.3 框架结构设计

设计一个好的PPT就像建设一栋大楼,牢固、稳定的框架结构是基础。好的框架结构设计可以将整个PPT的结构清晰地呈现给观众。框架结构设计主要涉及大纲设计、结构设计和导航设计三部分。

6.3.1 大纲设计

一般PPT制作工具的大纲视图就是用于查看、编排PPT的大纲。如果制作的PPT结构比较复杂,可以在大纲视图(如图6-1所示)下先建立思路,为后面的设计做好铺垫。

在大纲视图下,可以通过快捷菜单(如图6-2所示)展开/折叠大纲内容、提升/降低标题级别、上下移动文本等来管理大纲,从而达到组织管理幻灯片的目的。

 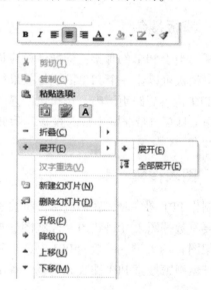

图 6-1 大纲视图　　　　　　　　图 6-2 大纲视图下的快捷菜单

PPT整体结构设计

6.3.2 结构设计

常见的PPT结构有说明式、罗列式和故事式等。

1. 说明式

说明式结构主要用于课堂教学、毕业答辩、研究报告等场景,主要针对一个知识点、一个事物、一种现象等从不同角度进行分析、解释。说明式结构清晰，是目前使用最为广泛的一种 PPT 结构形式，其结构如图 6-3 所示。

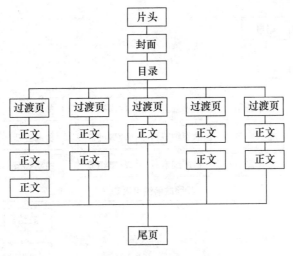

图 6-3　说明式结构

2. 罗列式

罗列式结构主要用于作业点评、成果展示、产品演示等场景，正文页的每张幻灯片之间没有明显的层次之分，且每张正文幻灯片呈现的内容类型基本相似。罗列式结构一般没有目录页，其结构如图 6-4 所示。

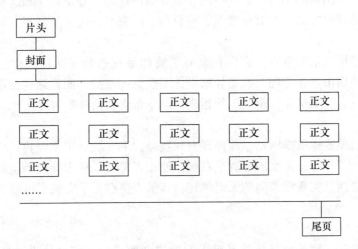

图 6-4　罗列式结构

3. 故事式

故事式结构是一种富有吸引力和感染力的展示方式，它通过构建一个完整的故事情节来引导观众进入特定的情境，从而更加生动地传达信息或观点。它主要用于较为轻松的场合，在教学中可用于教学分享等场景。这种结构没有固定的形式，以一个主题为主线，将各个要点和信息融入其中即可，其结构如图 6-5 所示。

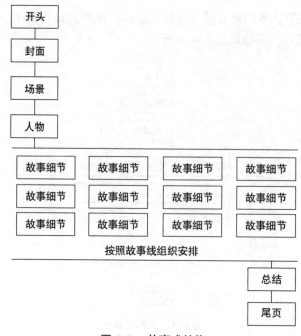

图 6-5　故事式结构

6.3.3　导航设计

标准型
（目录页）

PPT 导航
设计

导航是说明式结构必不可少的一项内容。导航设计的核心是目录和过渡页的设计，常见的导航模式主要有标准型、网页型、图表型、进度条型等。

1. 标准型

标准型导航模式最为常见，它在正文开篇前即呈现总目录，且每章起始均设有过渡页，用以醒目地引出本章标题。此类导航设计不仅制作便捷，而且结构分明，尤其适用于正式且严谨的场合，如毕业答辩、工作报告、学术报告及商务报告等。

标准型
（过渡页）

2. 网页型

网页型导航模式像微缩网站，顶部设有导航条，下方展示正文内容；而在宽屏的设计中，导航条常位于左侧，正文内容置于右侧。使用者可通过单击导航条上的链接，轻松切换于不同页面之间，实现章节间的无缝跳转。其最大亮点在于突破了传统 PPT 线性播放的束缚。

网页型

3. 图表型

图表型导航是在标准型导航的基础上发展演变而来的，它是借助 PPT 制作软件中的 SmartArt 图形或者自行设计的图表，来对标准型导航的目录进行美化与呈现。经过对图表的变化和美化处理，所设计出来的导航会更加形象、生动和美观。

图表型

4. 进度条型

进度条型导航模式模仿进度条的形式与理念，多以长条的形式线性地表现整个内容，按照内容的长度在进度条上划分出每部分的区域。这样不仅使结构呈现更清晰，而且还能让使用者更清楚教学的重点。

进度条型

此外，导航模式还有场景型、图片型等。随着技术的进步、设计理念的更新，更多具有吸引力的导航将不断涌现。

学习活动建议

1. 选择本书中的某一章，在某一 PPT 制作软件的大纲视图下编写其基本结构。
2. 上网检索标准型、网页型、图表型、进度条型等导航模式的 PPT 模板，思考各类导航适用的条件。

6.4 图文设计

6.4.1 文字的编辑与处理

文字是 PPT 中出现频率最高的一种素材，它直接体现 PPT 的中心思想。但是，PPT 毕竟不等同于演讲稿，PPT 中的文字应该是精练的、排列有序的。文字在整个 PPT 中起到提示、注释和装饰的作用。

PPT 文字设计要领

1. 文字的精简

在制作课件时，教师不能简单地把教材上的内容照搬到 PPT 中，内容要有删减或增加，形式要合理。当某页幻灯片上文字过多、版面太拥挤时，可以采用以下几种处理方法：

PPT 精简文字

方法一：将一页的内容分散到两三页幻灯片中。

方法二：精简内容，提炼关键性信息。对于大多数内容，可以将描述、解释说明的部分去除，只保留关键性的信息，以保证这些关键性的内容能被学生注意到。对于其他解释和描述的内容，教师直接用语言讲述即可，无须展示出来。

文字精简大致分三步：

第一步：断句。通过多次回车将段落分成若干个句子。

第二步：分层。首先将句子的主要内容作为要点，再将解释性信息断开，列为若干短语。

第三步：提炼。根据需要对句子进行删减，提炼出关键词，并以图片的形式进行展示。

方法三：使用自定义动画，控制文字展示的顺序。一页幻灯片上的内容虽多，但只要不是同时出现，而是按一定顺序先后出现，也就不会显得拥挤。

案例 6-1

我们以下面这段《强化专业建设的社会服务溢出效应》内容为例，对其进行图形化表达（如图 6-6 所示）。

> **强化专业建设的社会服务溢出效应**
>
> 　　提供高质量的专业社会培训服务，以企业需求为导向，进一步完善在职培训课程体系，健全以社会评价为标准的教学考核制度。以高质量的专业培训服务提升社会影响力，进一步夯实省内在职培训领域的优势地位。
>
> 　　完善专业化的教师社会服务团队，瞄准经济社会转型升级和互联网创新创业等市场机会。完善"移动互联数字营销""现代商贸服务"等专业化社会服务团队，实现科研、教学成果的有效转化。
>
> 　　增强为"浙商"企业和中小企业服务意识，坚持专业建设"立足浙江、服务浙江"的社会服务意识和功能，在传统"浙商"企业互联网转型升级、中小企业创新创业等领域，主动提供支持性或公益性的专业咨询服务。

图6-6　文字图形化表达展示

操作练习

请将以下这一段文字进行图形化表达。

> 　　人工智能对家居的控制是以住宅为平台，实现更加高效、安全、节能、智能、便利和舒适的目的。这是人工智能在家庭产品自动化、智能化的基础上，通过网络按拟人化的要求而实现的。人工智能通过对家居的控制，解放用户的双手，带来更好的用户体验。人工智能对家居的控制方式很丰富多样，比如，本地控制、遥控控制、集中控制、

远程控制、感应控制、网络控制、定时控制等,让用户摆脱烦琐的事务,提高效率,得到更为人性化的体验。

2. 文字的强调

文字的强调是指对幻灯片中的一些关键性文字信息进行突出和强调。常见的方法有以下几种:

方法一:对比,如文字的大小对比、粗细对比、色彩对比、明暗对比等。

方法二:运用动画效果,如文字闪烁,但这种方法需要运用得当,运用不当会干扰学习内容,分散学生的注意力。

方法三:给文字添加边框,引导学生将注意力集中在线框之内。恰当地使用线框,对文字有一定的美化与修饰作用。

方法四:在文字后面添加色块,将文字转变为图形,起到强调作用。

操作练习

请根据上面讲述的方法,对下面这页幻灯片中的文字进行适当强调,并重新设计。

> 第一节:作为思维活动的电视编辑
>
> 1. 电视编辑是一种思维活动
>
> 电视节目=信息+思维+工具
>
> 电视节目是思维的最终体现和目标;信息是思维的作用对象,以视音频信息为主,包括文字、图表、动画等;工具是思维的实现手段。

3. 文字的美化

(1) 选择合适的字体

美化文字首先考虑更改字体。现在个性化的字体越来越多了,如果电脑自带的字体无法满足使用需要,可以从"找字网"等字体网站下载字体安装。不同的字体适合不同的场合。

字体是有性格的

宋体:严谨、工整、大方,显示清晰,通常作为正文字体使用,适合印刷出版,但不适合大屏幕演示。

黑体:端庄、肃穆、严谨,引人注意,具有浑厚凝重的感觉,通常作为稳重、醒目的标题字体使用,或用在需要特别强调的地方。

隶书:造型优美,笔画生动,具有流动性,文字略扁,有时用作标题字体。

楷体:古朴秀美,字体温和,常用于注释,但其投影效果不佳。

除这些常用字体之外,还有一些比较特殊的字体用于特定主题的 PPT,如方正卡通、方正胖娃、方正剪纸等常用于儿童题材的 PPT,方正古隶、方正祥隶、方正魏碑等字体常用于古代题材的 PPT。

(2) 艺术字效果

文字的美化还可考虑采用艺术字效果。

输入文字,选择默认的艺术字效果即可。如果默认艺术字效果不能满足需要,可以设计自定义艺术字,如改变文字的颜色、填充效果、渐变效果、纹理效果、边框效果、阴影效果、棱台效果、发光效果、变形效果等。

4. 文字的排列

文字的排列首先要考虑文字的行距,单倍行距会显得拥挤,比较合适的行距通常为 1.2~1.5 倍。

文字的排列需要遵循以下原则:

(1) 对比原则

文字的排列应突出核心内容,可以将一段文字或部分文字设置成不同的格式,以起到突出显示的作用。通常通过更改文字的颜色、字体、字号、倾斜、加粗,为文字添加背景、下划线、引号等方式突出文字,如图 6-7 所示。

图 6-7 对比原则实例

(2) 聚拢原则

在页面内容比较多的时候,要分清内容之间的层次、关系和相关性,把关系密切的文字集中到一起,把相对疏远的文字间隔一定的距离。

案例 6-2

在图 6-8 中,左右两图中的文字完全一致,只是文字的位置有区别,相比之下,右边的文字比左边的文字更容易让人抓住重点,条理也更清晰。

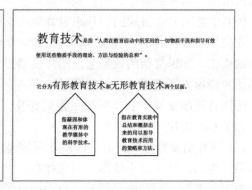

图 6-8 聚拢原则实例

（3）对齐原则

文字排列最基本的要求就是对齐，包括文字之间的对齐，文字与其他元素之间的对齐，对齐可以是左对齐、右对齐、居中对齐，还可以是按照一定的线条方向进行对齐。

案例 6-3

在图 6-9 中，左图上半部分的图表以及下半部分的五张图均采用的是水平对齐，整个页面中的图表、文字、图片三部分内容之间采用的是居中对齐。右图中，左右两部分左边元素不对称，但是其上下边线是对齐的。

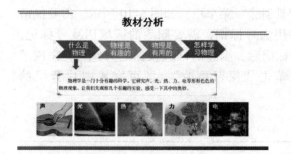 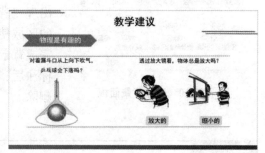

图 6-9 对齐原则实例

6.4.2 图片的编辑与处理

图片是视觉化传达的重要工具，其直观的形象往往令人更加印象深刻。对于 PPT 课件，图片的应用不仅能使 PPT 更活泼、直观，还能起到美化、装饰 PPT 的作用。

1. PPT 常用图片

在 PPT 制作过程中，经常用到以下三类图片：

（1）JPG 图片

JPG 图片是最常见的一种图片类型，手机和相机拍摄的图片、计算机绘制的图片、大多数网络图片基本都属于此类，其特点是色彩丰富、形象逼真，但是放大时其清晰度会降低。PPT 中常用 JPG 格式的图片来做背景或素材。

在使用 JPG 图片时，要确保图片的像素足够高，以免出现模糊的现象；同时，要注意画面的质感，光影交错的效果会使图片质感得到提升；最重要的是，图片要具有创意，所选的图片应给人新奇感，并且能巧妙地将其应用于 PPT 中，让人眼前一亮、过目不忘，有创意的图片还能使整个 PPT 的质量得到提升。

（2）GIF 图片

GIF 图片的兼容性非常好，所以在网站建设、软件开发等领域应用非常广泛。其特点是灵活、生动，往往以小动画的形式存在。

由于 GIF 图片的动画是循环、自动播放的，无法人为控制其播放的速度、节奏或是否停止。如果 GIF 图片中主体的动作比较夸张，很有可能会一直吸引观众的注意力，导致冲淡主题、喧宾夺主。所以，在 PPT 设计中，GIF 图片应慎用。

（3）PNG 图片

PNG 图片与其他类型图片最大的不同是它能设置图片透明属性，这对于 PPT 设计来说非常重要。从视觉角度来说，一幅图片如果有背景，插入 PPT 之后将会被作为一个主体元素理解；如果没有背景，图片被插入之后将会被视为背景存在。按照主体比背景优先被人感知的规律，如果所选图像不是作为主体，而是作为烘托，那么使用 PNG 格式更为合适。

2. 删除图片背景

当把不同图片放置到同一背景中，很有可能会出现因为图片本身的背景不同而导致其很难融合，甚至各自的背景互相遮挡，最好的处理办法就是把某些图片的背景删除。

在 Microsoft PowerPoint 2016 中删除图片背景的具体操作如下：选中要删除背景的图片，单击"格式"菜单下的"删除背景"选项后，会出现"背景消除"菜单栏，如图 6-10 所示。需要保留的区域使用加号标记，需要删除的区域用减号标记，完成背景标记后，删除的区域被标注为紫色。完成了标注后，单击"保留更改"，即可完成图片背景的删除。

图 6-10　删除背景面板

案例 6-4

比较图 6-11 中的两页幻灯片，在左边的画面中，白色图片设有一个黑色背景，白色图片作为页面的一个主体元素而存在，观众的注意力会集中在白色图片上，进而忽略了左侧的文字。而在右边的画面上，背景"消失"了，人物融入了幻灯片的黑色背景中，页面左侧的文字就成了页面的主体元素，更加突出。

第 6 章 演示型课件的设计与制作

图 6-11 透明背景比较

3. 填充图片背景

图片背景删除后，可以为其填充其他背景，可填充的背景可以是纯色背景、渐变背景、纹理背景，也可以是任意图片背景。

操作练习

某同学要报名英语四级考试，需要一张蓝底一寸电子照片。目前，她的一寸电子照片是红底的，请你帮她用 Microsoft PowerPoint 将照片背景换成蓝底。

4. 裁剪图片

裁剪操作通常用来隐藏或修整图片，以便强调某些内容或删除不需要的部分。

注意：裁剪操作并不是把图片真的裁剪掉了，而是暂时隐藏；如果反方向拉伸控制点，被隐藏的部分又将显示出来。

利用裁剪工具，不仅可以水平和垂直裁剪图片，还可以把图片裁剪为特定形状。

5. 压缩图片

随着人们对可视化要求越来越高，PPT 需要大量插入图片、声音、视频等多媒体素材，这很容易造成 PPT 的"臃肿"，也就是文件过大，不利于分享和传播，所以，PPT 需要"瘦身"。PPT 文件过大一般是由于插入了过多的图片所致。我们可以使用 PPT 制作软件自带的图片压缩来压缩图片的大小。

在 Microsoft PowerPoint 2016 中压缩图片的具体操作如下：打开 PPT，选中任意一张图片，单击"格式"菜单下的"压缩图片"选项（如图 6-12 所示），打开"压缩图片"对话框（如图 6-13 所示）。在"压缩图片"对话框中，如果勾选"仅应用于此图片"，则仅压缩当前选中的这张图片；如果取消勾选，则压缩整个 PPT 中的所有图片；勾选"删除图片的裁剪区域"，则把经过裁剪的图片进行压缩。这里的"压缩"和前面说的"裁剪图片"不同，裁剪图片仅仅是将不需要的部分隐藏，而勾选"删除图片的裁剪区域"则是将隐藏的部分真正删除。"目标输出"下的选项可以根据自己的使用环境进行选择。

注意：压缩图片功能要慎用，因为这个功能是不可逆的，一旦压缩之后，图片精度是不可恢复的，所以在压缩之前最好将文件进行备份。

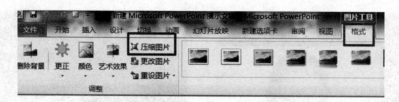

图 6-12 "格式"菜单下的"压缩图片"选项

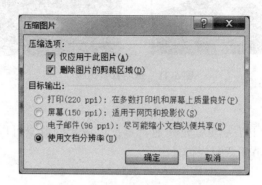

图 6-13 "压缩图片"对话框

6. 调整图片

当选择的图片在画面效果上无法满足要求时，可以对图片进行必要的调整。在 Microsoft PowerPoint 2016 中可通过"格式"菜单下的"更正""颜色""艺术效果"（如图 6-14 所示）等选项来实现。

图 6-14 "格式"菜单下的"更正""颜色""艺术效果"选项

"更正"功能可实现图片锐化、柔化、更改亮度和对比度等。使用时，在弹出的菜单中选择 PPT 预设效果即可；如果不能满足要求，可以单击"图片更正选项"命令，打开"设置图片格式"对话框，单击"图片更正"，通过更改各项参数进行修改。

"颜色"功能的作用是更改图片的色彩属性，包括"颜色饱和度""色调""重新着色""其他变体"等属性。使用时，在弹出的菜单中选择 PPT 预设的效果即可；如果不能满足要求，单击"图片颜色选项"，打开"设置图片格式"对话框，选择"图片颜色"，通过更改各项参数进行修改。

"艺术效果"功能类似于 Adobe Photoshop 中的滤镜功能，可以为图片添加特殊效果。使用时，在弹出的菜单中选择 PPT 预设的效果即可；如果不能满足要求，单击"艺术效果选项"，打开"设置图片格式"对话框，选择"艺术效果"，通过更改各项参数进行修改。

6.4.3 图文并排

图文并排

文字和图片是幻灯片中最重要的两种素材,如何合理搭配文字和图片就显得尤为重要。研究者从设计学的角度或视觉角度提出了多种设计原则。在此,我们只介绍几种常见的图文并排的方法。

1. 变图片为背景

幻灯片中插入图片之后,图片本身的背景或色调将会与幻灯片的背景或色调形成鲜明的对比,通常的做法是把图片的背景抠掉,或者是把图片中不需要的背景内容抠掉,这样图片的背景就与幻灯片的背景融合到一起了,相应的文字也得以凸显。

2. 虚化图片,突出文字

如果将一幅较为复杂的图片设置为幻灯片背景,那么在此背景上的文字将会和背景混杂在一起,造成视觉上的混乱,文字很难凸显。此时,可以虚化一部分图片,给文字留出展示的空间,如图6-15所示。

图6-15　虚化图片突出文字前后对比

3. 图片添加色块展示文字

如果图片上没有可供文字展示的区域,那么可以给图片添加一部分色块区域,把文字放在色块上,类似于给文字添加了背景,效果如图6-16所示。

图6-16　图片添加色块展示文字实例

4. 图片中包含文字

有些图片中本身就包含文字,如果该文字内容与幻灯片要表达的主题一致(如图6-17所示),就可以直接使用。

图 6-17　图片中包含文字实例

5. 利用装饰物

在图片上添加可以书写文字的文本框，然后利用回形针、大头针、胶带等小物件图片搭配文本框，既起到装饰作用，又不影响大图的表达，如图 6-18 所示。该方法适用于图片较为复杂情况。

图 6-18　利用装饰物实例

6. 图片重复使用

当我们找不到适合的高质量、高分辨率的大图时，可以重复使用小图，达到一种重复的美感，如图 6-19 所示。

 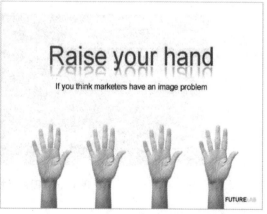

图 6-19　图片重复使用实例

6.5 图形与图表设计

图形和图表是用于展示数据的视觉化工具，是 PPT 中非常重要的元素。PPT 中常用的图形有自选图形、SmartArt 图形，常用的图表有普通表格和柱状图、饼状图等图表。设计好图形和图表一方面能让数字所承载的信息变得更简洁、直观，另一方面丰富的图表样式又能使观众对枯燥的数据充满好奇，吸引更多的关注。

6.5.1 绘制自选图形

Microsoft PowerPoint 2016 为用户提供了线条、矩形、基本图形、箭头汇总、公式形状、流程图、星与旗帜、标注、动作按钮等 9 大类 170 多个基本形状，便于用户快速绘制图形，如图 6-20 所示。

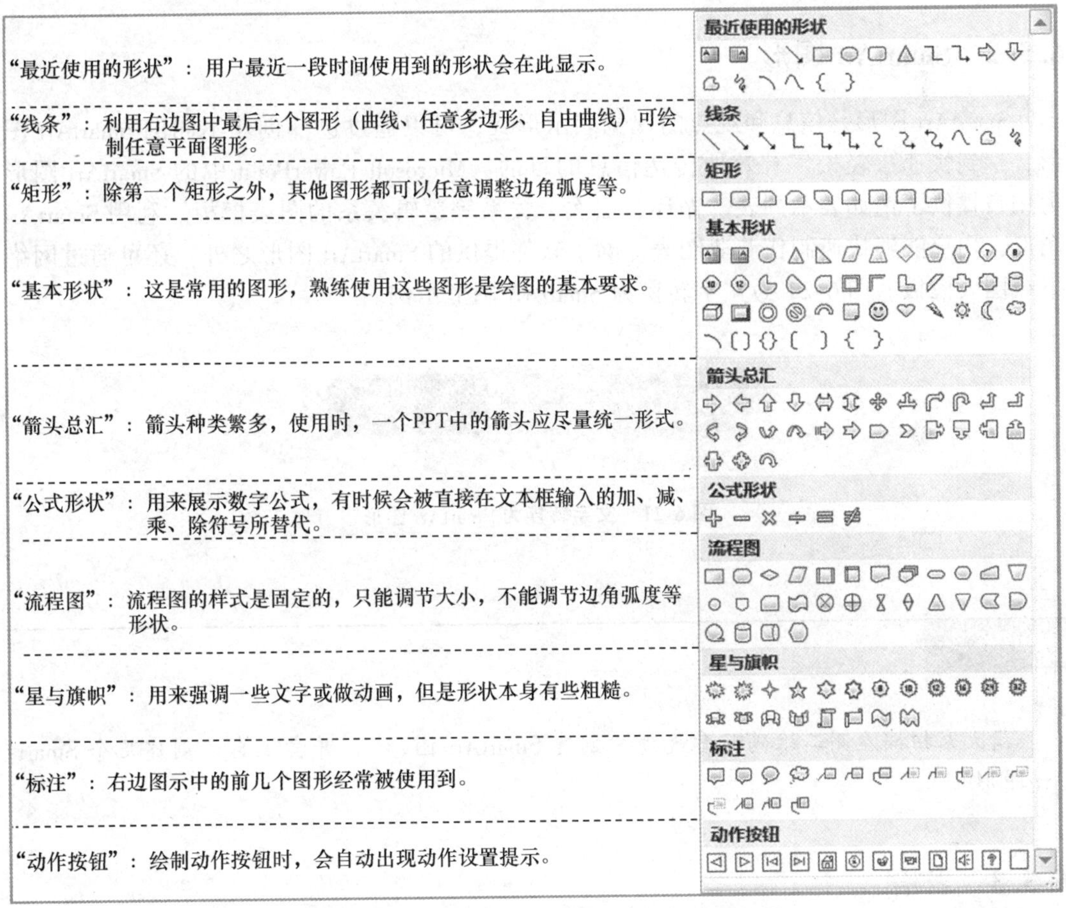
"最近使用的形状"：用户最近一段时间使用到的形状会在此显示。
"线条"：利用右边图中最后三个图形（曲线、任意多边形、自由曲线）可绘制任意平面图形。
"矩形"：除第一个矩形之外，其他图形都可以任意调整边角弧度等。
"基本形状"：这是常用的图形，熟练使用这些图形是绘图的基本要求。
"箭头总汇"：箭头种类繁多，使用时，一个PPT中的箭头应尽量统一形式。
"公式形状"：用来展示数字公式，有时候会被直接在文本框输入的加、减、乘、除符号所替代。
"流程图"：流程图的样式是固定的，只能调节大小，不能调节边角弧度等形状。
"星与旗帜"：用来强调一些文字或做动画，但是形状本身有些粗糙。
"标注"：右边图示中的前几个图形经常被使用到。
"动作按钮"：绘制动作按钮时，会自动出现动作设置提示。
最近使用的形状
线条
矩形
基本形状
箭头总汇
公式形状
流程图
星与旗帜
标注
动作按钮

图 6-20 Microsoft PowerPoint 2016 中的图形工具

> 操作练习

想一想下面这幅电影海报是如何制作的，请用自选图形工具设计制作一个类似的海报。

6.5.2 SmartArt 图形

SmartArt 图形是信息和观点的视觉表示形式，可以通过选择创建不同的 SmartArt 图形，达到快速、轻松、有效地传达信息的目的。Microsoft PowerPoint 中的 SmartArt 图形为用户提供了诸如表示列表、循环、层次、关系等逻辑关系的图表模板。利用 SmartArt 图形，用户能够快速制作专业图表。除了软件提供的 SmartArt 图形之外，还可通过网络下载图表模板。图 6-21 为文字转换为 SmartArt 图形示例。

图 6-21　文字转换为 SmartArt 图形

创建 SmartArt 图形

> 操作练习

请大家扫描左侧二维码观看视频"创建 SmartArt 图形"，并尝试自己创建几个 SmartArt 图形。

6.5.3 表格

表格是一种表现数据的形式，通过其中行与列数据的对比可以达到精确传递信息的目的。在日常使用中，我们经常把各类报表放在一张幻灯片上，但由于未分数据主次，观众难以从表格中得出结论。为了便于观众迅速捕捉信息、分析问题、得出结论，我们应该对表格进行精心设计。

1. 对比强调

使用对比的手法不仅能够凸显表格中的主要信息，起到强调、突出主要内容的目的，而且还能使表格具有层次感。所谓强调，一般是强调关键数据。最简单的方法就是为关键数据添加背景颜色、改变文字颜色，或者框选关键数据，让需要突出的数据与其他数据作明显区分。

案例 6-5

在图 6-22 中，左侧表格的数据让人难以抓住重点；右侧表格，首先映入眼帘的就是深灰色标示出来的第一季度的数据，深灰色与周围的灰色形成了鲜明的视觉对比，起到吸引视线的作用，红色标识的数据就是表格要表达的关键信息。

城市	一季度	二季度	三季度	四季度	全年
北京	-18%	7%	25%	2%	2%
上海	47%	-7%	26%	15%	17%
广州	16%	-5%	1%	7%	19%
天津	57%	10%	-3%	7%	13%
苏州	57%	6%	-3%	7%	13%

城市	一季度	二季度	三季度	四季度	全年
北京	-18%	7%	25%	2%	2%
上海	47%	-7%	26%	15%	17%
广州	16%	-5%	1%	7%	19%
天津	57%	10%	-3%	7%	13%
苏州	57%	6%	-3%	7%	13%

图 6-22　强调关键数据

2. 信息重新归类

当表格中的信息比较多时，为了更好地传递信息、表达观点，往往需要对表格中的信息重新进行归类。

在图 6-23 中，左侧表格传达出的是人员的所有信息，这是一种笼统的表达，传递的重点不突出；而右侧表格表达的重点很明显是政治面貌。

姓名	政治面貌	年龄	民族
张三	党员	40	汉族
李四	党员	50	汉族
王五	团员	25	彝族
钱六	团员	26	白族
孙七	群众	30	汉族
李八	群众	35	汉族

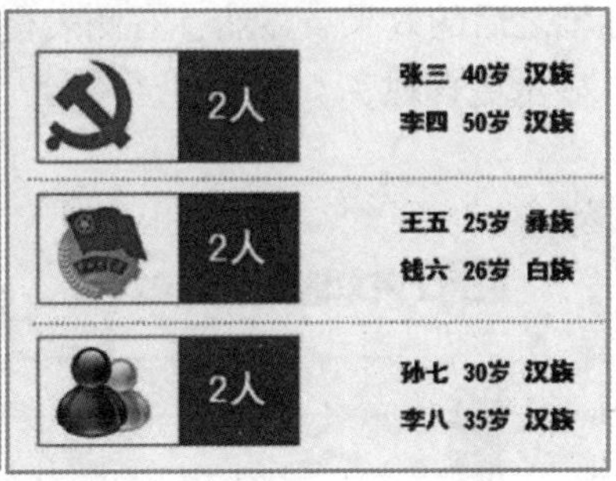

2人	张三　40岁　汉族 李四　50岁　汉族
2人	王五　25岁　彝族 钱六　26岁　白族
2人	孙七　30岁　汉族 李八　35岁　汉族

图 6-23　信息重新归类

3. 图形化表达

图形化表达就是把数据表格以图形的方式表达出来。如图 6-24 所示，左侧表格是最常见的普通表格形式，这种形式做到了数据的简单陈列，但直观性不够、对比不明显；而右侧图形将数据的变化表达得更清楚，数据对比一目了然。

下半年西部分公司业绩提升非常快			
区域	上半年	下半年	合计
东部	25%	25%	50%
南部	55%	15%	70%
西部	10%	80%	90%

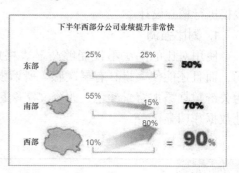

图 6-24　图形化表达

6.5.4　图表

图表就是以图形的方式显示数据表格，即图形化的表格。与普通表格相比，图表更直观，更具有说服力。

一般 PPT 制作工具都为用户提供了柱状图、饼状图等多种类型和样式的图表，用户可将各类数据制作成直观的图表进行信息传递。直接使用默认图表固然能传递信息，但为了让信息传递得更准确、更直观，视觉效果更吸引人，可以从下面几个方面美化图表：

1. 简化图表

将数据转化为图表之后，还要对图表进行简化，去除干扰图表表达的多余元素，更清楚地呈现核心数据信息。对于一般的图表，可以从以下三个方面进行简化：

（1）简化网格和坐标轴。坐标轴上的数据不要显得太拥挤，网格也不要太密集，网格的颜色要尽量淡一些。

（2）删除次要数据。没有必要将所有的数据都表示出来，只需要让观众掌握关键信息即可。

（3）慎用 3D 图表。3D 图表看起来华丽，但往往喧宾夺主，大大降低了图表的易读性。

在图 6-25 中，左侧表格是将数据输入后直接生成的柱状图，右侧表格是删除了网格和纵向坐标轴之后的效果。显然，右侧表格没有网格的干扰，页面更干净；将数据标注在柱状图上，显示更直观。

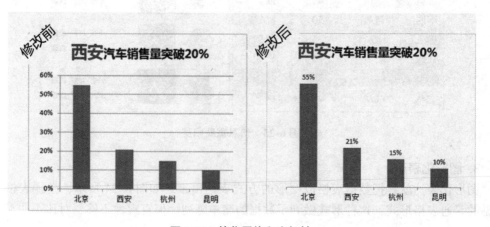

图 6-25　简化网格和坐标轴

2. 美化图表

经过简化的图表，虽然言简意赅，但有时会显得比较枯燥，可以通过进行美化让图表变得更生动、有趣。美化图表的方法有填充形象化、轮廓形象化和添加额外装饰元素等。图 6-26 展示了采用轮廓形象化的方法来美化图表。

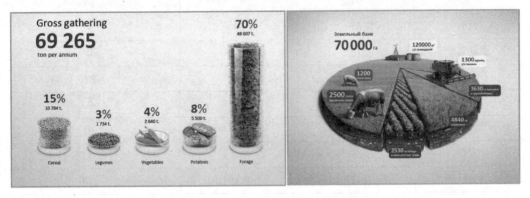

图 6-26　轮廓形象化

操作练习

1. 请重新设计下列表格，要求美观且重点突出。

葡萄酒价格行情

单位：元

品牌	本月价格单价	上月价格单价
张裕干红	38	32
长城干红	26	26
王朝干红	38	38
云南干红	45	41
威龙干红	35	32
野力干红	36	35

表格文本

2. 请将下列表格进行重新设计，并突出强调变化最大和变化最小的城市。

8 月份滞留案件处理情况

单位：件

城市	8 月初	8 月末	变化
保定	298	278	20
沧州	224	210	14
承德	72	68	4

表格文本

续表

城市	8月初	8月末	变化
邯郸	104	92	12
衡水	97	83	14
廊坊	61	60	1
秦皇岛	70	61	9
石家庄	287	260	27
唐山	94	92	2
邢台	95	85	10
张家口	25	24	1
总计	1427	1313	114

6.6 布尔运算

布尔运算是数字符号化的逻辑推演法，包括联合、相交、相减。在图形处理操作中引用了这种逻辑运算方法以使简单的基本图形组合产生新的形状。

6.6.1 布尔运算的形式

布尔运算包括以下几种形式（如表6-1所示）：

结合运算：可以看作加法，将两个或两个以上的对象合并在一起，形成一个形状。

组合运算：将两个或两个以上的对象合并成一个形状，它和结合运算的区别在于，对象之间重合的部分被掏空了。

拆分运算：将两个或两个以上的对象沿着它们相交的部分进行拆解，使它们变成单独的元素。例如，将两个相交的圆形进行拆分运算，就会变成三个形状。

相交运算：类似于数学中的交集，两个或两个以上的对象进行相交，保留重合的部分。

剪除运算：类似于数学中的减法，例如，先选中一个形状A，再选中另外一个形状B，通过剪除运算得到的新图像就是从A中减去A与B重合的部分。

表6-1 进行几种形式的布尔运算后图形前后对比

形式	合并前	合并后
结合运算		

续表

形式	合并前	合并后
组合运算		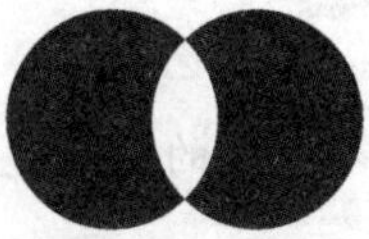
拆分运算		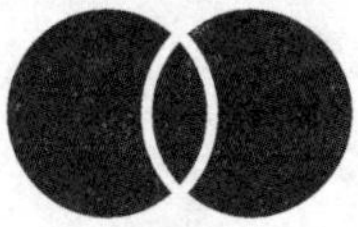
相交运算		
剪除运算		

6.6.2 布尔运算的应用

1. 文本框与基本几何形状的运算

文本框和几何形状通过剪除运算，可生成镂空文字效果。

案例 6-6

利用 Microsoft PowerPoint 2016 制作镂空文字效果如表 6-2 所示。

表 6-2 制作镂空文字效果

效果	步骤
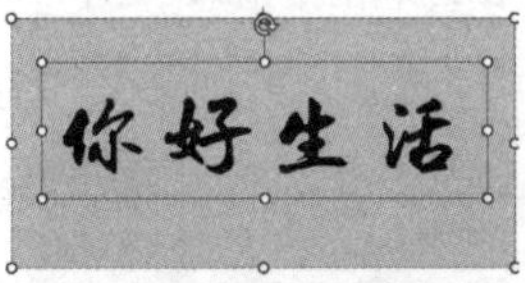	首先绘制一个矩形，并填充颜色，在文本框中输入文字，将矩形与文本框调整到合适的位置，并保证矩形在下层，文本框在上层。
	选择"形状格式"中的"合并形状"下的"剪除"，此时，在矩形上的"你好生活"四个字被挖空。
	对上一步生成的形状进行纯色填充，然后调整该色块的透明度为 25%~35%。之后将其放置在图片图层的上面，形成镂空文字效果。

`操作练习`

请思考下图的效果是如何实现的,并试着做一做。

2. 文本框与图片的运算

文本框与图片的运算有两种方式:一种是文本框与图片的相交运算,生成用图片裁剪成文字的样式,具体可见案例6-7。另一种是文本框与图片的剪除运算,相当于在图片中剪掉了文字所覆盖的区域,被剪掉的地方形成镂空文字效果。

`案例 6-7`

利用 Microsoft PowerPoint 2016 进行文本框与图片的相交运算如表6-3所示。

表6-3　文本框与图片的相交运算

效果	具体步骤
	在背景图片上,添加一个文本框,在文本框中输入"AI"两个字母,并调整图片与文字的位置。
	先选择图片,然后选择文本框,再选择"形状格式"中的"合并形状"下的"相交"。

需要说明的是,线条一般是不能够参与布尔运算的,因为线条属于一维结构。而参与布尔运算的对象要求必须是图片或者可填充的几何形状。

操作练习

想一想，下面这张苹果发布会的图片是如何制作的，并试着做一做。

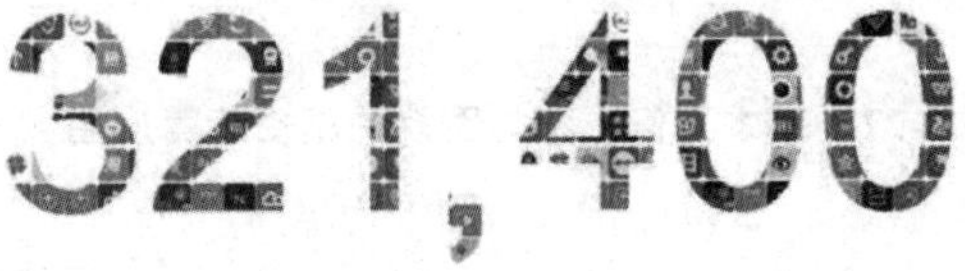

3. 基本几何形状与图片的运算

基本几何形状与图片的运算最常见的是相交运算，通过该运算，可以将图片剪裁为想要的形状。

案例 6-8

利用 Microsoft PowerPoint 2016 进行基本几何形状与图片的相交运算如表 6-4 所示。

表 6-4　基本几何形状与图片的相交运算

效果	具体步骤
	先准备好一张图片和一个基本几何形状。
	将图片置于底层，几何形状置于顶层，并根据需要调整几何形状的大小与位置。
	先选择图片，然后选择几何形状，再选择"形状格式"中的"合并形状"下的"相交"。
	重复上述操作，可以裁剪出各种形状的图像。

在幻灯片中介绍团队成员或者用图片表现某种并列关系的时候，可采用这种方法处理，如图 6-27 所示。

图 6-27　基本几何形状与图片的相交运算应用实例

操作练习

想一想，下图的电影海报是如何制作的，并试着做一做。

4. 基本几何形状之间的运算

基本几何形状之间通过各种布尔运算可制作出各种图形。

案例 6-9

利用 Microsoft PowerPoint 2016 制作齿轮如表 6-5 所示。

表 6-5　制作齿轮

效果	具体步骤
	选择"插入"中的"形状"下的"星与旗帜"中的 32 角星形状，按住 Shift 键，绘制一个正 32 角星。然后同上述步骤，选择"基本形状"中的椭圆，并按住 Shift 键绘制一个正圆。
	将 32 角星置于底层，正圆置于顶层，并根据需要调整它们的大小与位置，使其与左侧第一个图一样。 选中两个图形，选择"形状格式"中的"合并形状"下的"相交"。
	在上述右侧的图形上再绘制一个小的正圆，并将其置于该图形的正中间。选中两个图形，选择"形状格式"中的"合并形状"下的"剪除"。

> **操作练习**

想一想，下面这些常见图片是如何制作的，并试着做一做。

6.7 动画设计

在 PPT 课件中，动画不仅可以用在开篇、衔接、图形图表、结尾等地方，以吸引学生的注意力，增加演示效果，同时还可以模拟实验演示、互动演示等。通过实验演示动画、互动演示动画，抽象的知识可以转换为形象的演示，使学生更好理解。

PPT 动画主要有自定义动画和页面切换动画两大类。

6.7.1 自定义动画

自定义动画是针对页面内的某个对象而做的动画，是 PPT 动画的主体部分。一般 PPT 制作工具中的自定义动画包括进入、强调、退出等类型，每一种类型的动画又分别设置了多种动画形式。Microsoft PowerPoint 2016 中的自定义动画界面如图 6-28 所示。

图 6-28　Microsoft PowerPoint 2016 中的自定义动画界面

在 PPT 制作工具的工具栏中，可以对选中对象进行添加动画、更改动画、删除动画及设置动画效果等操作。图 6-29 为 Microsoft PowerPoint 2016 中自定义动画操作画板。

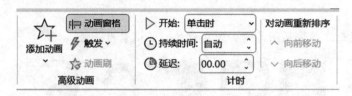

图 6-29　Microsoft PowerPoint 2016 中的自定义动画操作面板

6.7.2　页面切换动画

页面切换动画是页面转换时的动画，运动对象是整个页面，实现的是任意两个幻灯片之间的切换动画。不同版本的 PPT 制作工具的页面切换动画有细微差别，Microsoft PowerPoint 2016 中的页面切换动画分为细微、华丽、动态内容等类型，每一种类型分别提供了多种切换动画效果，如图 6-30 所示。

除自定义动画和页面切换动画之外，PPT 制作工具一般还有链接动画和 VBA 动画。链接动画是 PPT 动画效果的延伸，它本身并不是动画，但是和自定义动画相结合后，能发挥出超强的导航、互动效果，甚至可以用于制作互动性很强的 PPT 动画游戏；而 VBA 动画需要进行编程处理，可以制作出自定义动画无法实现的其他动画效果。

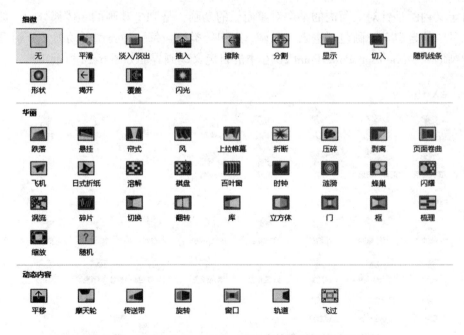

图 6-30　Microsoft PowerPoint 2016 中的页面切换动画类型

> 操作练习

1. 请设计月亮绕着地球转动的动画。
2. 请设计太阳从早晨升起到傍晚落下的动画。
3. 请设计一个走迷宫的动画。

6.8 多媒体导入

根据教学需要,我们有时需要在 PPT 中插入音频、视频等素材。音频、视频素材的导入,可以使 PPT 素材更加丰富、多元,增强 PPT 的感染力。

6.8.1 音频的使用技巧

PPT 中的音频应用主要有背景音乐、动作声音和真人配音三种,常见的音频文件格式有 WAV、MP3、WMA、MIDI 等。

1. 背景音乐

背景音乐主要用于营造气氛。一般情况下,片头的背景音乐和内容页的背景音乐应分开,片头往往采用节奏感比较强的音乐,而内容页应采用较为轻柔的音乐,或者不用音乐。

2. 动作声音

动作声音是指动画发生时的声音,通常有两种:幻灯片切换时的声音和自定义动画的声音。与背景音乐不同,动作声音只能采用 WAV 格式的音频。在 PPT 演示中,动作声音一般不常使用,除非为了强调某种特定的声音效果。

让 PPT 中的音乐想停就停

3. 真人配音

在 PPT 中可以直接录制音频,录制好的音频文件可以直接嵌入幻灯片中,播放 PPT 时无须再从外部插入音频。

6.8.2 视频的使用技巧

视频在 PPT 中主要起到辅助说明的作用。在 PPT 中常使用的视频文件格式主要有 AVI、MPEG、MP4、MOV 等。

案例 6-10 详细地介绍了 Microsoft PowerPoint 2016 中插入视频的具体步骤。

> 案例 6-10

在 Microsoft PowerPoint 2016 中插入视频如表 6-6 所示。

表 6-6　插入视频

操作	具体步骤	效果
插入视频	单击"插入"→"视频"→"文件中的视频",在打开的对话框中选择合适的视频文件。 　　此时,页面中出现视频窗口,打开"动画窗格",会发现多了一个触发器动画;此时,选中页面中的视频,功能区中会多出"格式"和"播放"两个菜单。	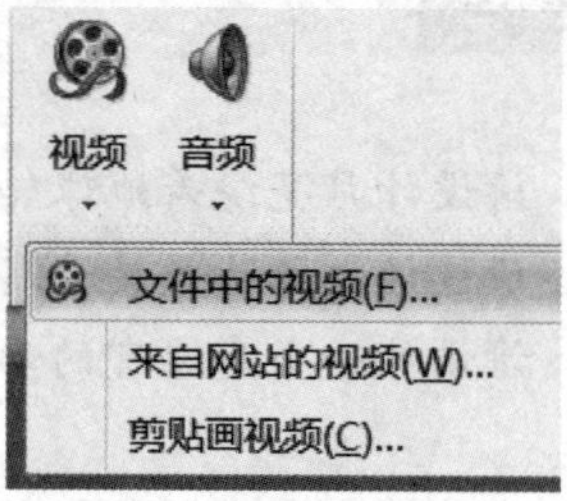
设置播放属性	在"播放"面板中,可以设置循环播放、全屏播放、音量、裁剪视频等。	
美化视频	拖动视频的边缘,可以调整视频窗口的大小。 　　按住鼠标左键,拖动视频,可以改变视频窗口在页面中的位置。 　　选中视频后,在"格式"面板下,可以设置视频边框、轮廓、形状、棱台等效果。	
为视频添加动画	在"动画"面板中,可以为视频添加进入、强调、退出、路径等动画。	

在 PPT 中增加多媒体元素,固然可以使其更生动、更有吸引力,但也不是每张幻灯片都需要使用。只有在适当的位置适量使用多媒体元素,才能为 PPT 增色。

操作练习

请制作一个 PPT,在第 1 页添加片头音乐,在第 2～9 页为页面内容添加背景音乐,在第 10 页添加结束音乐。要求:三段音乐不同。

6.9　演示管理

6.9.1　演示技巧

一般 PPT 的演示包括设置播放范围、放映方式、隐藏幻灯片、排练计时、录制 PPT 等。

1. 设置播放范围

一般 PPT 制作工具为用户提供了从头开始、从当前幻灯片开始和自定义放映等播放范围设置。

2. 设置放映方式

一般 PPT 制作工具放映类型主要包含三种方式:演讲者放映、观众自行浏览、在展台浏览。

3. 隐藏幻灯片

对于演讲者临时不想展示，但又不想删除的幻灯片，可通过隐藏幻灯片来实现。例如，教师在备课时需要某些内容，但在课堂上又不必展出，就可隐藏幻灯片。

4. 排练计时

排练计时功能是指在真实的放映状态下，同步设置幻灯片的切换时间。整个 PPT 放映结束后，系统将所设置的时间记录下来，以便在自动播放时，按照所记录的时间自动切换幻灯片。

5. 录制 PPT

录制 PPT 不仅可以捕获整个 PPT 放映过程的细节，包括每张幻灯片的展示时长以及幻灯片之间的切换，还允许用户在放映过程中使用鼠标进行标注，并通过麦克风添加音频旁白。这些交互元素都能被记录下来，最终生成的视频文件可以脱离演讲者自动播放，从而方便分享与传播。

以 Microsoft PowerPoint 2016 为例讲解录制 PPT 的方法。单击"录制"菜单，即可选择录制幻灯片的方式（如图 6-31 所示）。

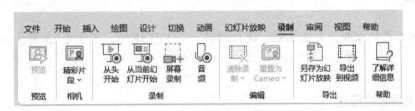

图 6-31 "录制"菜单

方式一：选择"从头开始"或"从当前幻灯片开始"，页面进入了演示页面，此时左侧显示当前放映的幻灯片，右上角显示即将播放的幻灯片。右下方显示备注中的文字，录制视频时建议先在备注中把解说词写好，录制时可以直接读出来。还可以选择不同的视图模式，如图 6-32 显示的是左边放映，右边备注的模式；也可以切换为上面备注，下面放映，或者只有放映没有备注的模式。显示方式符合自己的要求后，单击"录制"按钮，开始录制；想要停止时，单击"停止"按钮即可。

图 6-32 录制 PPT 的界面

方式二：选择"录制屏幕"，此种方法不仅可以录制 PPT，还可以对整个电脑屏幕进行录屏（操作面板如图 6-33 所示）。首先单击"选择区域"，按住鼠标左键划定录屏范围，然后单击"录制"按钮。

图 6-33　"录制屏幕"操作面板

方式三：选择"另存为幻灯片放映"，在弹出的对话框中，选择文件格式为 MP4 或 WMV 格式，将文件导出为视频。需要说明的是，用这种方式将 PPT 制作成视频，需要提前在每一个页面中录好音频，做好排练计时，这样导出的视频才是图像与声音并存的。

操作练习

请根据自己的专业，自选主题，设计制作一个 PPT 课件，不少于 15 页，并将其录制成视频。

6. 使用屏幕笔标注

在 PPT 放映过程中，用户如果需要将讲述的重点标注出来，可以通过屏幕笔来实现。

在 Microsoft PowerPoint 2016 中具体操作如下：在 PPT 放映过程中，从右键菜单中选择"指针选项"，默认是箭头状态，也可以设置箭头选项、墨迹颜色、指针类型、笔的类型、粗细等；设置完成后，回到放映状态，既可对单张幻灯片进行重点标注，也可在幻灯片上进行书写等操作。

7. 使用备注

在制作和放映 PPT 时，往往容易忽略备注功能。备注可以在放映 PPT 时给教师提示，有助于教学活动的顺利开展。

在 Microsoft PowerPoint 2016 中具体操作如下：在普通视图下，在幻灯片编辑区下方的备注栏中输入相应的备注内容，或者单击"视图"菜单下的"备注页"并输入备注内容。演示时，演讲者可以利用"演讲者视图"实现在其自己的电脑屏幕上既可以看到幻灯片放映内容，又可以看到备注内容；而观众通过大屏幕只能看到幻灯片放映内容，而无法看到备注内容。

8. 黑屏、白屏、暂停放映

在 PPT 放映过程中，可以通过一些技巧控制放映节奏。

在全屏放映模式下，按下 B 键，画面会自动变全黑，再次按下 B 键，则恢复放映；如果按下 W 键，则画面会自动全白，再次按下 W 键，则恢复放映。这些技巧便于学生与教师交流或者学生短暂休息。对于设置了排练计时的幻灯片来说，一旦开始放映，就会自动播放直到结束；教师如果希望在某一页停下来进行详细讲解，可以按下 S 键，所有动画全部暂停,再按 S 键则恢复。

6.9.2 PPT 的 AI 生成

随着 AIGC 的发展,PPT 的 AI 生成也不甘落后,例如,微软公司官网推出的 PPT 小助手可以自动生成 PPT。PPT 小助手把 PPT 的生成简化成了三步,如图 6-34 所示。

图 6-34　PPT 小助手生成 PPT 的步骤

具体操作如下:在搜集框中输入想要的 PPT 主题或关键词(如图 6-35 所示),按下 Enter 键后,系统将自动生成大纲(如图 6-36 所示);如果这个自动生成的大纲不符合需求,可进行局部修改;修改完成后,单击右下角"挺好的,就用这个大纲",就会自动生成 PPT 了(如图 6-37 所示)。如果不满意这种 PPT 风格,可以单击"我要换一种风格",将会继续生成不同风格的 PPT。

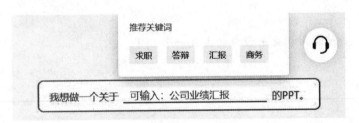

图 6-35　第一步:描述内容

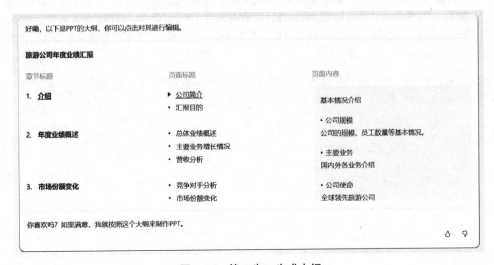

图 6-36　第二步:生成大纲

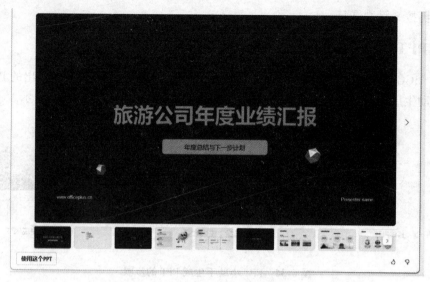

图 6-37　第三步：生成 PPT

除了微软公司之外，还有一些平台也提供自动生成 PPT 功能，如秒出办公、boardmix 等网站，操作都很简单，大家可自行探索。

操作练习

自选主题，尝试利用相关平台自动生成一个 PPT。

参考文献

［1］邵云蛟. PPT 设计思维：教你又好又快搞定幻灯片［M］. 2 版. 北京：电子工业出版社，2021.
［2］熊王. PPT 影响力：逻辑思维、设计技法、演讲表达［M］. 北京：清华大学出版社，2023.
［3］蔡振原. PPT 设计之道：如何高效制作更专业的幻灯片［M］. 北京：清华大学出版社，2017.

第7章 微课的设计与制作

学习目标

- 了解微课的概念及特征
- 了解微课的分类及适用范围
- 掌握微课设计与制作的一般过程
- 了解微课制作的常见方法
- 能制作一节优秀的微课

知识导图

微课是一种以视频为载体的新型数字化学习资源,随着互联网技术的快速发展,微课近年来在教学领域得到了广泛的应用和推广。它通过短小精悍的课程内容和灵活多样的教学模式,为学生提供了更为便捷和高效的学习方式。本章主要从微课的发展与现状、概念与特征、类型、设计、制作方法等方面对微课展开介绍。

7.1 微课概述

7.1.1 微课的概念与特征

微课是微型视频课程的简称，是指针对某个知识点、例题/习题、实验活动等进行深入、详细、具体的讲授、演算、分析、推理、答疑等的教学视频（微视频），同时还包含配套的微教案、微课件、微练习、微点评、微反思等。微课的时长一般不超过10分钟，主要用于帮助学生完成知识建构。

微课的特点可以概括为"短、小、精、悍"四个字：

（1）短。短是指微课的视频时长较短，使学生能够在短时间内获取所需的信息。从学生在课堂中的注意力保持情况来看，其高度集中精力学习的时间就在10分钟左右。这就要求教师在微课中切入课题要迅速，收尾要快捷、利落。

（2）小。小是指微课的主题小。微课的选题要小而精，内容以知识点或小问题为单位，便于碎片化学习。微课内容紧凑，要在有限的时间内突出教学重点，突破学习难点。

（3）精。精是指微课设计要精致、紧凑，避免冗长拖沓。这具体体现在教学活动设计精妙构思、讲解内容的精练准确上。

（4）悍。悍是强调微课的教学效果，简而言之，就是内容有吸引力，易于理解且令人难忘。这是微课的重要特征，也是微课教学的最终目标。

> 思考与练习

1. 请用自己的语言介绍什么是微课，并谈谈你对微课的认识和理解。
2. 请结合微课的概念与特征，思考并填写表7-1中微课与其他概念的区别与联系。

表7-1 相关概念辨析

概 念	区 别	联 系
微课与微视频		
微课与微课件		
微课与课堂实录		
微课与视频公开课		
微课与说课		
微课与微课程		
微课与微格教学		

7.1.2 微课的发展与现状

伴随着网络通信技术的迅猛发展和智能设备的普及,移动网民数量飞速增长,人们对新的教育方式和学习模式的需求也在不断变化。传统的面对面授课模式存在时间和空间的限制,无法满足人们对于灵活自主学习的需求。在此背景下,将教学内容碎片化、跨应用平台的微课应运而生。教师可以把上课讲授的关键内容(知识点、重难点、易错点)制作成小视频发布于网络,学生可以随时随地拿出自己的智能移动终端设备(手机、平板电脑、笔记本电脑等)上网学习。这些小视频具有主题突出、内容简洁、知识点明确、便于理解等特点,丰富了学生的学习体验。

在国外,微课的概念最早是由美国新墨西哥州圣胡安学院的高级教学设计师、学院在线服务经理戴维·彭罗斯于2008年提出的。彭罗斯首次提出了1分钟"微讲座"的理念。他的主要思想是在课程中把教学内容与教学目标紧密地联系起来,以产生一种"更加聚焦的学习体验"。后来,彭罗斯被人们称为"1分钟教授"(the One Minute Professor)。

在国内,"微课"一词最早是由广东省佛山市教育局信息网络中心的胡铁生老师在2011年提出的,他认为:"'微课'是按照新课程标准及教学实践要求,以教学视频为主要载体,反映教师在课堂教学过程中针对某个知识点或教学环节而开展教与学活动的各种教学资源有机组合。"

随着国内教育信息化的推进,微课逐渐受到广泛关注。自2012年起,各级教育机构纷纷举办微课大赛,鼓励教师制作和使用微课。在各级各类微课大赛的带动下,我国网站上的微课资源不断丰富起来。目前,微课在教育领域已经广泛普及,极大地促进了教育资源的共享与个性化学习的发展。

现阶段,越来越多的学校和教师在教学实践中运用微课,将其作为辅助教学手段,帮助学生更好地掌握知识技能。微课不仅在呈现形式上越来越多样化,包括视频、动画、手绘等多种形式,而且在内容上越来越丰富和深入,基本涵盖了各个学科和领域。同时,微课的应用范围也更加广泛,不仅应用于学校教育,还扩展到社会教育,如职业技能训练、企业内部培训、兴趣爱好学习等。

案例观摩

请访问"网易公开课"官方网站,根据自己的兴趣爱好选择1~2课程观看,感受微课的魅力。

7.1.3 微课的类型

微课可从教学内容、教学方法及教学用途等不同角度进行分类:按教学内容可分为概念知识讲解类、案例/习题讲解类、技能训练类、微探究/游戏类等;按教学方法可分为讲授类、问答类、启发类、讨论类、演示类、练习类、实验类、表演类、自主学习类、合作学习类、探究学习类等；按教学用途可分为正式学习类（支持结构化的课程教学）、非正式学习类（支持微型学习、碎片化学习、移动学习）等。

为便于初学者对微课的认识和理解，这里对几种常见的微课类型进行介绍。

1. 讲授类

讲授类微课是以学科知识点及重点、难点、考点的讲授为主，授课形式多样，不局限于课堂讲授。其表现形式以教师授课视频为主，学生观看视频，就像在现场聆听教师授课一样。

讲授类微课适用于教师运用口头语言向学生传授知识，如描绘情境、叙述事实、解释概念、论证原理和阐明规律。这是中小学最常见、最主要的一种微课类型，适用于基础知识的教学。

2. 案例/习题讲解类

案例/习题讲解类微课以案例/习题为中心，针对典型案例、习题、试题进行讲解分析与推理演算，重在对解题思路的分析，特别适用于理科类的学科知识教学，表现形式以一体机演示及手写板为主。

3. 问答类

问答类微课主要用于对学生学习过程中普遍的、代表性的提问，进行归纳总结、分析解答。

传统教学的答疑模式很难兼顾各个层次的学生的需求。随着手机和平板电脑等智能终端的普及，教师可围绕学科知识点，有针对性地开发制作微课集。微课集既包含解决学生共性的疑难问题的微课，又包含设置创新题和拓展题的微课，以满足学生学习的多样化需求。

4. 实验类

实验类微课针对教学实验进行设计、操作与演示。其表现形式为实验或实训的现场视频，或网络虚拟实验动画配合教师讲解。

5. 表演类

表演类微课主要有两种形式：一种是在教师的引导下，组织学生对教学内容进行模仿表演和再现，可以达到学习交流和娱乐的目的，促进审美感受和提高学习兴趣。它一般分为教师的示范表演和学生的自我表演两种，适用于素质类、体育类课程的学习，如舞蹈、瑜伽、广播体操、太极拳等课程。另一种是假设某一交际情境，让学生充当其中的角色，表演出符合情境的对话和行为。在特定的情境下，学生改变自己的身份，从局外人变成了参与者，注意力自然就集中到了学习内容上。

案例观摩

请在相关网站上查找不同类型的微课作品进行观摩，并与同学交流分享观摩感受，填写表7-2。

表 7-2 微课案例观摩

微课名称	学科与适用对象	分类角度与类型	知识/技能点	观摩感受（与传统课堂教学相比）				
				构思新颖	精彩有趣	重点突出	能解决实际问题	其他
例：认识图形	小学一年级数学	教学方法—讲授类	认识长方体、正方体、圆柱、球		√		√	

7.2 微课的教学设计

微课的教学设计要以教学设计原理为依据，以普通的课堂教学过程为基础，与微课的教学特点相结合，可以参照表 7-3 的模板完成微课的教学设计。

微课的教学设计除遵循本书"第 2 章 信息化教学设计"中关于教学设计的基本要求外，还应注意以下三个方面：

7.2.1 科学的选题

确定选题是制作微课的首要环节，科学的选题也是微课成功的前提和基础。微课的选题应把握以下原则：

1. 教学中的重点、难点

微课教学在形式上追求"微"，在内容上追求"精"，在效果上追求"妙"。因此，微课所教授的主题要有针对性，知识点的选取一般是一节课中的教学重点、难点，或者教学中的某个精彩环节，也可以选择平时需要教师反复讲解和强调的内容、学生容易出错的知识点、学生经常提问的内容等。知识点必须足够细，确保能在适当的时间（10 分钟内）讲解透彻。

2. 适合用多媒体表达

微课需要借助多媒体进行呈现与传递，因此微课内容的设计要适合多媒体特性。对于不适合多媒体表达的内容，制作成微课也是徒劳的，因为或许传统教学模式的效果更佳；同时也会使教学过程平庸无奇，令观看者失去学习欲望。因而微课内容要适合使用多媒体表达，适合加入丰富的图形图像、多姿多彩的动画、声色兼有的视频。

3. 相对独立的知识体系

微课是相对完整、独立的小型教学资源，它的选题必须要小，内容少且相对独立。确定选题时，可以选取一个独立的小话题作为切入口，把内容讲通、讲透，宁可"小题大做"，不宜"大题小做"。同时，一节微课的教学目标不宜过多，一般设定 1~2 个目标即可。目标要尽量具体化、可操作、可测量，不要设计抽象模糊、大而空泛的目标。

4. 碎片化的组块

微课教学时间短，一节微课最好讲解一个特定知识点，如果该知识点牵扯到另一个知识点并需详细讲解时，应另设一节微课。对于信息量大的教学主题，则可以采用内容分解的方式、化整为零、逐一制作，形成微课集。单独的一两节微课对现行教学并没有太多帮助，只有形成一系列的微课，辅以练习、解答、交流、讨论，成为"微课程"，才能真正发挥这一新形态课堂的全部潜力。

7.2.2 明确使用对象

微课的使用对象是学生，不是教师。要始终关注"学生需要看什么？""学生需要听什么？""这样表达他能听懂吗？"在微课设计过程中，课程内容的选择、学习活动和各项资源的组织都要围绕"学生"这个中心进行。在课程内容选择方面，应首先了解学生的学习需求，明确他们要的是什么；在微课学习活动和学习资源的组织上，要充分体现学生的主体地位，调动学生的学习主动性，激发学生的学习兴趣。

在录制微课时，教师不要用"同学们""你们"等，最好用"你"，不要用"我们"，最好用"咱们"，如此会让学生感到更加亲切、自然，就像是他和教师在面对面、一对一地交流。

7.2.3 媒体设计

媒体设计决定了微课最终的表现形式，其优劣性直接决定了微课的质量。下面介绍微课的视觉信息的设计与听觉信息的设计。

1. 视觉信息的设计

在教学内容的处理上，微课的主要任务是把教学信息尽量可视化。微课是以视频为载体的教学资源，视频的优势并非传递抽象的文字信息，而是传递具体、直观的图形、图像信息，特别是连续的、动态的图像信息。因此，一些具备"动态特征"的教学内容，如动作技能、操作过程、变化过程等，直接使用视频来呈现教学信息是最简单、有效的方法。有些教学内容相对抽象，动态特征不太明显，需要转换成具有较强可视性的画面信息，这是微课设计中的关键技巧。这里可以借鉴"第6章 演示型课件的设计与制作"中的图形化表达的技巧，将抽象概念形象化，将数字、关系图示化。如在物理微课中，以Flash动画的形式形象地表现了"力的相互作用"，如图7-1所示。

在体态语言方面，教师不必过于拘谨，但也不要过于懒散。建议教师注意看镜头，面部表情要有亲和力。

在后期制作过程中，可以用字幕补充视频中不容易表述清楚的部分，如图7-2所示。

图7-1 用动画示意"力的相互作用"

图7-2 用字幕辅助动作示范

注意：字幕只需要呈现关键词语，不必像电视剧一样将所有台词都打上，不然会增加学生的阅读认知负荷。教师要主动学习其他领域的设计经验，注意借鉴、模仿与创造，例如，从电影、电视、广告等大众媒体中寻找值得借鉴的创意。

2. 听觉信息的设计

声音是微课用于传递信息的另一个重要途径。微课中声音的运用主要分为两类：一是解说词，二是背景音乐。

带解说的微课更加贴近真实的课堂教学情境，学生易于接受。需要注意的是，微课中的解说词是对画面信息的必要解释、说明、提示、补充，不是对画面文字的简单重复。在解说词的录制中，环境要尽量安静，不要有噪声。教师在口语表达时，要清晰、有力、发音标准；表达要有节奏感，语调要根据教学环节和内容的不同有起伏变化；语速适当，以确保观看者有足够的时间对教学内容进行理解和消化；要使用规范的专业用语，表述有条理，力求做到简单明了、通俗易懂，尽量少使用古板、枯燥的书面语。微课中应有恰当的提问，问题的设计要恰当安排基本问题、单元问题和核心问题，灵活使用多样化的提问策略促进学生思考。

一段恰到好处的背景音乐，能够让微课的气氛变得更加活泼，也能让学生感到放松，为微课增添趣味性和吸引力。背景音乐的选用应注意与教学内容相契合，不要过多使用，避免喧宾夺主。

7.2.4 趣味性与教学性

微课是一种以学生自主学习为主的学习资源。如何使微课在吸引学生注意力和保持学生学习动机的同时，又能达到微课的教学效果，是至关重要的。所以，在设计微课时要注意趣味性和教学性相结合。

1. 趣味性

在微课的教学过程中可以通过多种途径来提高学生的参与兴趣，让学习对学生更具吸引力。下面，介绍几种提高微课趣味性的方法：

（1）多媒体元素：利用图形、图像、动画、音视频等多媒体元素呈现教学内容，使学生通过视听方式接收信息，增加学习的趣味性。

（2）游戏化设计：将学习过程设计成游戏，通过设置挑战、奖励和竞争等环节，激发学生的积极性。

（3）故事化讲解：将知识点或技能点融入故事情节中，以故事的形式呈现，引发学生的情感共鸣和兴趣。

（4）趣味互动：通过设置互动问答、思考题、讨论等，增加学生的参与度，提高互动性。

（5）情景模拟：通过模拟真实的情境，让学生参与其中，提高他们在实际生活中应用知识的能力，同时激发他们的学习兴趣。

除了上述方法外，教师还可以借助诙谐幽默的言语，或者利用提高音量和快速切换画面等方法，让学生集中注意力。教师还可将动漫、游戏、影视等深受学生喜爱的元素融入微课，通过创意的设计和呈现方式，引起学生的关注，进而增强学习效果。

2. 教学性

微课的教学性在于传授知识，培养学生解决问题的能力和思维能力，指导其进行实践操作，促进自主学习等。区别于文艺性和娱乐性短视频，微课作为一种学习资源，应能够完成一定的教学任务。有的微课不重视教学性，只是笼统地呈现画面，如照片展示等，这种没有实质性的教学内容的微课是不合格的。此外，教师还要注意微课内容的科学性问题，也就是微课所传播的知识与内容一定要科学、精准。

> 思考与练习

1. 请结合自己的专业完成一个微课选题并简要说明理由。
   选题：_____
   理由：_____

2. 请使用表 7-3 的微课教学设计模板对上述选题进行教学设计。

表 7-3 微课的教学设计模板

微课名称				
目 标				
知识点描述				
重点、难点突破方法				
适用对象				
制作方法				
教学过程	画面内容	视频来源	字幕/标注	长度（秒）

微课的教学设计模板

7.3 微课的制作方法与创作工具

随着微课创作工具的不断涌现，微课从内容组织到呈现形式都变得更为多样化。现将一些常见的微课制作方法和创作工具介绍如下：

7.3.1 录屏式

录屏式是在计算机中安装录屏软件（如录屏大师 Camtasia Studio、班迪录屏 Bandicam、芦笋录屏等），录制教师的讲解声音及屏幕操作演示过程的一种微课录制方法。
常见形式有以下几种：
1. 形式一：PPT 录制（录屏软件 + PPT）
（1）录制工具：电脑、耳麦（附带话筒）、录像软件 Camtasia Studio（或 Snagit、

CyberLink YouCam 等）、PPT 制作软件。

（2）方法：在电脑上播放 PPT 课件，同时进行屏幕录制，辅以讲解录音和字幕。

（3）过程简述：

① 针对微课主题，进行详细的教学设计，形成教案。

② 根据教学设计，搜集教学材料和媒体素材，制作 PPT 课件。

③ 录制准备：

- 在电脑屏幕上打开录像软件和 PPT 课件。
- 教师戴好耳麦，调整好话筒的位置和音量。
- 调整好 PPT 界面和录屏界面的位置。

④ 单击录制按钮，开始录制（录屏软件 Camtasia Studio 的使用方法详见本节 "4. 屏幕录制软件——Camtasia Studio"），教师一边演示 PPT 课件一边讲解。

录制注意事项：

- 教师可在 PPT 界面上用标记工具进行强调或其他演示，也可随时播放视频、动画等用于辅助教学。
- 注意控制讲解节奏和时间。
- 尽量使教学过程生动、有趣。
- 授课结束后，按下录屏软件的停止快捷键，停止录制。
- 对录制完成后的教学视频进行必要的处理和美化。

（4）视频特点：

① 教师不出现在画面里，以画外音结合 PPT 演示的方式进行教学。

② 保持视频画面干净、清晰、一目了然。

（5）需要掌握的技能：

① 熟悉录屏软件的操作。

② 熟悉 PPT 课件的制作，能够将教学内容完整而有逻辑地呈现在 PPT 课件中，并根据讲解对关键内容进行标记。

③ 对视频进行简单的后期编辑。

2. 形式二：可汗学院模式（录屏软件＋手写板＋画图工具）

（1）录制工具：电脑、录屏软件 Camtasia Studio（或 Snagit、CyberLink 等）、手写板、麦克风、画图工具（如 Smoothdraw），如图 7-3 所示。

（2）方法：通过手写板和画图工具对教学过程进行讲解演示，并使用录屏软件录制。

（3）过程简述：

① 针对微课主题，进行详细的教学设计，形成教案。

② 录制准备：

- 调整电脑的屏幕分辨率，通常情况下，电脑屏幕比为 16∶9 时，将分辨率设置为 1280×720；屏幕比为 4∶3 时，将分辨率设置为 1024×768。
- 安装手写板和麦克风等工具，并进行调试，确保书写流畅、录音清晰。
- 打开画图工具，将背景颜色设为黑色，并设置好画笔颜色和笔尖直径。
- 打开录屏软件，将录制区域调整为绘图板，选择声音输入方式为麦克风，调整音量到合适大小。

③ 单击录制按钮，开始录制。教师一边讲解教学内容，一边使用手写板和绘图工具

进行电子板书或演示,在手写板上书写的教学内容会同步显示在画图工具的屏幕窗口上,如图 7-4 所示。

图 7-3 可汗学院模式微课的制作工具

图 7-4 可汗学院模式的微课

④ 授课结束后,按下录屏软件的停止快捷键,停止录制。

⑤ 对录制内容进行必要的编辑和美化。

(4) 视频特点:

① 背景多为黑色,营造学生习惯的黑板视觉效果。

② 教师不出镜,只呈现手写板背景。

③ 教师在授课的同时手写板书或绘画,能营造现场感。

(5) 需掌握的技能:

① 熟悉录屏软件的操作。

② 会使用手写板或画图工具。

③ 手写板书字迹清楚,布局清晰、有条理、灵活而不凌乱。

3. 形式三:移动设备录制

移动设备录制是指使用手机自带的录屏功能或在平板电脑中安装录屏软件,实时录制手机或平板电脑上的操作及解说,从而生成微课视频的制作方式。

(1) 录制工具:手机或平板电脑、录屏软件。

(2) 方法:使用手机自带的录屏功能或在平板电脑中安装录屏软件进行录制。

(3) 过程简述:

① 教学设计:选择微课视频主题,进行详细的教学设计,形成教案。

② 配置参数:打开手机或平板电脑内置的录屏软件或第三方录屏软件,配置录制参数,例如,选择要录制的屏幕区域,包括全屏或指定的应用程序窗口;选择是否录制声音,包括系统声音和麦克风声音。

③ 开始录制:按下录屏软件上的录制按钮(如图 7-5 所示为某手机屏幕录制按钮),同时开始讲解和演示。

④ 结束录制:完成微课的录制后,按下录屏应用程序上的停止按钮,停止录制。保存录制的视频文件,以备后续编辑和发布。

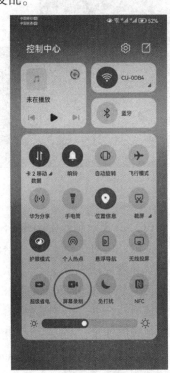

图 7-5 某品牌手机屏幕录制按钮

⑤ 编辑和导出：使用视频剪辑软件对录制的视频进行编辑和后期处理，导出为最终的微课视频。

（4）视频特点：

使用移动设备录屏制作微课的优势在于灵活便捷，随时随地都可以进行录制，适用于简单和实时的教学内容。

（5）需掌握的技能：

① 熟悉手机录屏功能或录屏软件的操作。

② 确保录制设备的稳定性和画质清晰度，以及音频的清晰度和准确性。

4．屏幕录制软件——Camtasia Studio

Camtasia Studio 是一款功能强大的屏幕录制和视频剪辑软件，主要用于制作教育、培训和演示视频，其工作界面如图7-6所示。它能在任何颜色模式下轻松地记录屏幕动作，包括影像、音效、鼠标移动轨迹等。它还支持对视频片段进行剪辑、添加转场效果。其输出文件格式有很多种，如MP4、AVI、WMV、M4V、MOV、RM、GIF等各种常用格式。以下是Camtasia Studio的一些主要功能：

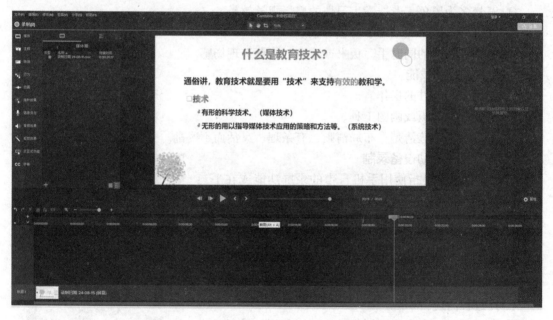

图7-6　Camtasia Studio 工作界面

（1）屏幕录制：Camtasia Studio 可以录制电脑屏幕上的任何操作和动作，包括应用程序的演示、网页浏览、软件操作等；可以选择录制整个屏幕或指定的区域，还可以录制系统声音和麦克风声音。

（2）视频剪辑：Camtasia Studio 提供丰富的视频剪辑功能，可以对录制的视频进行剪辑、裁剪、合并、分割等操作，还可以添加文本、标题、字幕、动画、图像等元素，以及调整视频的速度、亮度、对比度等参数。

（3）多轨道编辑：Camtasia Studio 支持多轨道编辑，可以在时间线上添加多个视频、音频和图像轨道，实现更复杂的视频制作，还可以调整各个轨道的顺序、时间范围和叠加关系，实现更精细的编辑控制。

（4）特效和转场：Camtasia Studio 提供多种特效和转场效果，如淡入淡出、旋转、缩放、模糊等，可以通过这些特效和转场效果，使视频更具有吸引力和专业感。

（5）录音和音频编辑：Camtasia Studio 可以录制麦克风声音，还可以导入外部音频文件进行编辑和处理，以及调整音频的音量、消除噪声、添加音效等，以获得更好的音频效果。

（6）交互式元素：Camtasia Studio 支持添加交互式元素，可以在视频中添加互动元素（如选择题），使学生能够更好地参与教学过程。

（7）输出和分享：Camtasia Studio 支持多种视频输出格式，可以导出为常见的视频格式，还可以直接将视频上传到视频平台。

总而言之，Camtasia Studio 是一款功能齐全的屏幕录制和视频剪辑软件，同时它操作简单、易于使用，适合制作录屏式微课。

操作练习

请扫描二维码观看微课"Camtasia Studio 的基本操作"，学习 Camtasia Studio 的基本功能和操作。

Camtasia Studio 的基本操作

7.3.2 拍摄式

拍摄式是指主要使用手机、数码相机、摄像机、视频摄像头等各种具备摄录功能的设备，对通过白板、黑板、白纸、课堂、游戏活动、表演等形式展现的微课教学过程进行拍摄记录的方法。

1. 拍摄方式一：摄像机+黑板（白板）或电子白板

（1）拍摄工具：便携式摄像机、黑板（白板）或电子白板、粉笔（白板笔）、其他教学演示工具。

（2）方法：对教学过程同步摄像。

（3）过程简述：

① 针对微课主题，进行详细的教学设计，形成教案。

② 拍摄准备：

• 将摄像机安装在三脚架上。

• 将三脚架放置在黑板（白板）或电子白板正前方约两米处。

• 打开摄像机电源，确保拍摄内容在取景框内占主体。

③ 利用黑板（白板）或电子白板展开教学，同时按下摄像机录像按钮，将整个教学过程拍摄下来，如图 7-7 所示。

拍摄注意事项：

拍摄方式一

图 7-7 "摄像机+白板"拍摄微课

- 摄像机的镜头高度与教师的眼睛平行，如图 7-8 所示。
- 在讲解的过程中教师的身体不能遮挡教学内容，如图 7-9 所示。
- 在教学演示的关键之处，要注意突出黑板（白板）或电子白板上的内容。

④ 授课结束后，再次按下摄像机的录像按钮，结束拍摄。

⑤ 对视频进行简单的后期制作，进行必要的编辑和美化。

图 7-8　镜头高度与教师的眼睛平行　　　图 7-9　教师的身体不能遮挡教学内容

（4）视频特点：画面中只出现教师和黑板（白板）或电子白板。

（5）需要掌握的技能：

① 熟练使用摄像机。

② 对视频进行简单的后期处理。

2. 拍摄方式二：利用手机、相机录制

（1）拍摄工具：可进行摄像的手机/相机（像素较高，保证拍摄的画面清晰）、手机/相机支架、白纸、不同颜色的笔（宜选粗笔）、彩色胶带、相关主题的教案或其他教学展示用品。

（2）方法：直接在白纸上进行板书，用手机/相机记录演算、书写的教学过程。

（3）过程简述：

① 针对微课主题，进行详细的教学设计，形成教案。

② 拍摄准备（以手机为例）：

- 先将手机支架夹在桌子边缘，然后把手机固定在支架上，如图 7-10 所示。
- 打开手机的相机功能，拍摄模式选择为视频，调整手机的取景范围、位置、角度，用彩色胶带在桌子上标记定位框。
- 将白纸放到标记好的定位框内，如图 7-11 所示。

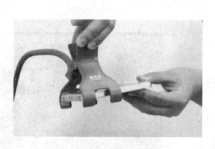 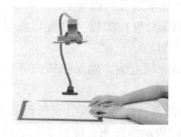

图 7-10　固定手机　　　　　　　　图 7-11　放置白纸到定位框

③ 用笔在白纸上展现教学过程，如图 7-12 所示，包括画图、书写、标记、演算等行为，同时按下手机的录像按钮，开始拍摄。

拍摄注意事项：

- 教师手上不能佩戴饰品。
- 保持坐姿，教师的头部不能进入相机的取景范围，如图 7-13 所示。

图 7-12　教学过程

图 7-13　拍摄时头部不要进入取景范围

- 书写时不能将白纸移出定位框，如图 7-14 所示。
- 教师应保证语音清晰、画面稳定，解答或讲授过程明了、易懂。

④ 授课结束后，按下停止按钮，结束拍摄。

⑤ 对录制好的视频进行必要的编辑和美化。

（4）视频特点：教师不出现在画面里，以画外音结合纸笔演示进行教学。

图 7-14　白纸不要移出定位框

（5）需要掌握的技能：

① 会使用手机/相机拍摄视频。

② 板书能力强，能将教学内容简洁、清晰、完整、有逻辑地呈现出来。

③ 能对视频进行简单的后期编辑。

3. 视频剪辑软件——剪映

制作拍摄式微课，在完成前期视频素材的拍摄后，需要使用视频剪辑软件进行后期制作。除可以使用前文介绍的 Camtasia Studio，还可以使用其他视频剪辑软件，如剪映、小影等。以下主要对剪映进行简要介绍。

剪映是一款由深圳市脸萌科技有限公司开发的视频剪辑软件。它具有简洁易用的界面（如图 7-15 所示）和强大的视频剪辑功能，让用户能够轻松编辑和美化拍摄的视频。剪映支持在移动端、Mac 电脑、Windows 电脑全终端使用。

剪映主要包括以下几个功能：

（1）快速剪辑和裁剪：剪映可以对视频进行快速剪辑，用户可以轻松地切割和删除不需要的片段，调整视频的长度和顺序。

（2）丰富的素材库：剪映内置了大量的音乐、声效、滤镜、特效和字幕模板，用户可以根据需要选择合适的素材来美化视频，使其更具创意和吸引力。

（3）添加文字和字幕：剪映支持在视频中添加文字和字幕，用户可以选择不同的字体、颜色和样式，还可以调整文字的位置和动画效果。

图 7-15 剪映电脑版工作界面

（4）音频编辑：剪映允许用户调整视频中的音频，包括增减音量、淡入淡出、去噪等功能，以确保音频的质量和效果。

（5）多种滤镜和特效：剪映提供了多种滤镜和特效，用户可以为视频添加不同的颜色、光线和风格效果，以增加视觉冲击力和艺术感。

（6）快速导出和分享：剪映支持快速导出视频，用户可以选择不同的分辨率和画质，以适应不同的平台和设备。同时，剪映也提供了多种分享选项，可以直接分享到社交媒体或存储到手机相册。

7.3.3 软件合成式

软件合成式是指利用图像、动画、课件或视频制作软件，经过脚本设计、技术合成后输出教学视频短片的一种微课制作形式。下面介绍几种常见的软件合成式微课形式及创作工具。

1. MG 动画类微课

（1）简介

运动图形（Motion Graphics，MG）动画是指动态图形或图形动画。简单来说，它可以解释为会动的图形设计。广义上来讲，MG 动画是一种融合了电影与图形设计元素，基于时间流动而设计的视觉表现形式。它类似于平面设计与动画片之间的一种产物，在视觉表现上遵循平面设计的规则，在技术上采用动画制作的手段。

MG 动画类微课是指以 MG 动画为主要表现形式，结合微课理念和教育目标而设计的一种教学视频资源。这类微课充分利用了 MG 动画的简洁明了、生动形象、创意无限和信息量大的特点，以动态图形和动画形式呈现知识内容，从而提高了学生的学习兴趣和理解能力。

（2）MG 动画类微课创作工具——万彩动画大师

万彩动画大师是一款操作简单的 MG 动画制作软件，能够帮助教师制作出专业且富有吸引力的 MG 动画类微课，其工作界面如图 7-16 所示。

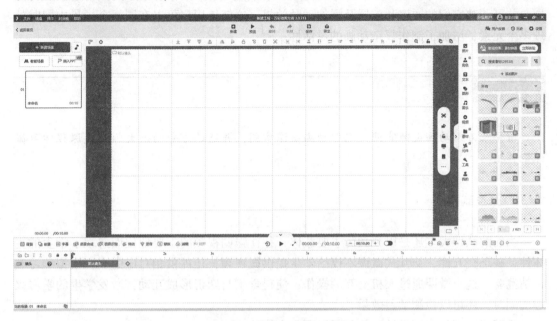

图 7-16　万彩动画大师工作界面

万彩动画大师具有以下特点：

① 快速简单的操作体验。万彩动画大师界面简洁、操作简单，用户短时间内便可制作出专业级水平的动画。

② 海量精美动画模板。万彩动画大师有大量的简洁美观的动画模板，涵盖多个主题内容，用户下载并替换模板中的内容便可快速制作出动画视频、微课视频（如图 7-17 所示）等。

图 7-17　万彩动画大师制作的微课效果

③ 丰富的镜头特效。万彩动画大师可以添加缩放、旋转、移动等镜头特效让动画更富有镜头感，让观众拥有更好的视觉享受。

④ 海量的背景资源。万彩动画大师提供大量简洁大气的图片、视频背景资源，在突出主题信息的同时还能整体提高动画视频场景的美感和质感。

⑤ 手绘动画效果。万彩动画大师可以将手绘动画效果灵活应用到动画中，从而提高了动画的美感，让其内容更加生动、有趣。

⑥ 多图层编辑。万彩动画大师支持多图层编辑，可以为每个媒体文件创建独立的图层，并可调整它们的顺序和位置及添加动画效果。这使得用户可以在同一个场景中同时处理多个元素，增加了制作复杂动画的灵活性。

操作练习

请登录万彩动画大师官网，观摩动画微课案例，并通过万彩动画大师在线课程学习微课制作技巧。

2. 交互式微课

（1）简介

当前的微课大多还是以视频为主要载体，往往强调视频的主要地位而忽视了学生的主体性，缺乏交互性。交互式微课不仅给学生提供微视频，还提供相对应的交互模拟练习和评估测验。这类微课通过人机交互的操作，使得学生与知识形成互动，激发学生的学习兴趣的同时，还可以检测学习效果。

交互式微课的内容设计一般包括以下几个模块：

① 教学资源。其主要包括本节微课的教学目标、学习任务单、微课件等，为学生自主学习提供了支架服务。

② 示范讲解。本部分以教师视频讲解为主，学生通过视频来学习。

③ 模拟训练。学生通过自己动手操作教师所讲内容，进一步巩固已学知识，从而实现知识的内化。交互性体现在学生只有选择正确的答案才能进入下一步，如果选择错误，系统会提示出错信息。

④ 检测评估。这一部分主要是对学生是否掌握了本节微课内容进行检测。测验的题型多样，可以是选择题、填空题、判断题或操作题，可根据具体教学内容而定。交互性体现在学生提交试题以后可查看得分与答案，根据得分情况来了解自己对于知识的掌握程度。

（2）交互式微课创作工具

① Camtasia Studio。

7.3.1 小节介绍过 Camtasia Studio 是一款功能强大的屏幕录制和视频剪辑软件，并对其屏幕录制功能进行了介绍。它除了可以录屏和对视频进行后期剪辑，还可以在视频中添加交互功能。以在古诗微课视频中设置一个选择题为例，对 Camtasia Studio 的交互功能进行简要说明。

- 将录制好的视频导入 Camtasia Studio，并添加到时间轨道中。
- 播放视频，确定需要添加选择题的时间点，如图 7-18 所示。单击工具区域的交互式功能，在交互的属性区中选择题型并进行文本与答案选项设置；然后设置反馈，若回答正确，可以继续播放后面的内容；若回答错误返回到讲解该知识点的时间点再次学习，交互效果如图 7-19 所示。

第 7 章 微课的设计与制作

图 7-18 在 Camtasia Studio 中添加交互

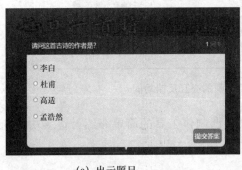

(a) 出示题目

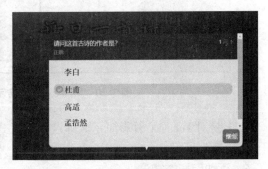

(b) 回答正确

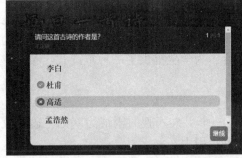

(c) 回答错误

(d) 显示正确率

图 7-19 用 Camtasia Studio 设置的交互效果

② Focusky 万彩演示大师。

在"第 6 章 演示型课件的设计与制作"中介绍了 Focusky 万彩演示大师是一款 PPT 制作软件。除此之外，Focusky 万彩演示大师还提供了多种交互反馈功能（如图 7-20 所示），如增加各种测试和小游戏，有利于增加教师与学生之间的互动，更好地吸引学生的注意力。

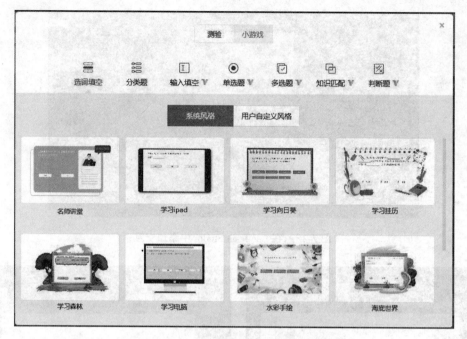

图 7-20　Focusky 万彩演示大师的交互反馈功能

以上是对 Focusky 万彩演示大师这一交互式微课制作工具的简单介绍,更多功能和教程可进入官网了解。

3. 互动电影类微课

(1) 简介

互动电影(Interactive Movie)作为娱乐与媒体技术融合的产物,不仅挑战了传统电影的观看模式,也为教育领域带来了全新的学习体验。互动电影类微课正是这一趋势下的创新成果,它将电影的魅力与互动学习的优势相结合,为学生提供了一种沉浸式、参与感强且个性化的学习路径。

互动电影类微课的特点包括:

① 引人入胜的剧情:互动电影类微课通常以一个引人入胜的剧情为基础,通过故事的情节推动学习内容的呈现,增加学习的趣味性和吸引力。

② 视觉和听觉体验:互动电影类微课注重视觉和听觉的体验,通过高质量的影像和音频,营造出沉浸式的学习环境,增加学生的参与感。

③ 互动元素:互动电影类微课为学生提供了各种互动元素,如选择题、拖拽、角色扮演等,让学生通过互动参与来深入理解和应用所学知识。

④ 自主学习:互动电影类微课强调学生的自主性,学生可以根据自己的兴趣和进度选择感兴趣的内容和学习路径。

⑤ 即时反馈和评估:互动电影类微课可以提供即时的反馈和评估机制,通过交互和测验来评估学生对知识的理解和掌握程度,并提供相应的反馈和建议。

⑥ 社交学习:互动电影类微课也可以提供合作学习的机会,通过在线讨论、合作项目和互动社区等,促进学生之间的交流和合作。

（2）互动电影类微课制作工具——优芽

优芽内置了丰富的角色形象、场景素材和配图资源，支持智能匹配语音和灵活配置角色动作，在帮助教师制作互动电影类微课方面展现出显著优势，其平台界面如图 7-21 所示。通过优芽，教师可以轻松创建情境动画，并融入互动试题及游戏，实现趣味教学互动，提升学生的学习参与度和兴趣。

图 7-21 优芽平台界面

进入优芽平台官网，注册登录后即可开始创作，具体步骤如下：

① 新建动画。选择要创建的动画风格（如图 7-22 所示）和动画模板。优芽平台有近千份动画模板资源，涵盖了各类教学场景。巧用模板不仅能节约制作时间，而且能使创作出的作品风格更统一。

图 7-22 选择动画风格

② 修改与替换。选择完动画风格和动画模板后，就进入了编辑界面，在该界面可以对模板中的内容进行修改和替换。在该界面顶部的菜单栏中，可以选择场景和角色，选定角色后，可以编辑该角色的动作语言（如图 7-23 所示）。在该界面还可以根据需要插入特写、提示、旁白、音效、视频等。

图 7-23 编辑界面

③ 保存和导出。完成制作后，单击"播放"按钮即可进行预览查看；单击"保存"按钮可对其进行保存；单击"分享"按钮可将该微课分享给学生，学生只需扫描二维码或输入网址链接即可观看微课，非常便捷。

4. H5 页面类微课

（1）简介

H5 页面类微课是一种基于 HTML5 技术开发的微课程形式。它结合了 HTML5 的优势，提供了更丰富的交互和多媒体功能，以及更好的跨平台适配性。

H5 页面类微课通常具有以下特点：

① 丰富的多媒体内容：H5 页面类微课包含丰富的多媒体内容，如文字、图片、音频、视频等。这些多媒体内容可以通过 HTML5 的标签和应用程序接口进行嵌入和控制，使得学生可以更直观地理解和吸收知识。

② 交互式学习：H5 页面类微课通过使用 HTML5 的交互功能，如表单、按钮、动画、拖放等，为学生提供了丰富的互动体验。学生可以通过与页面上的元素进行交互，参与到教学过程中。

③ 自适应布局：H5 页面类微课可以根据不同设备的屏幕尺寸和分辨率进行自适应布局。这意味着学生可以在不同的设备（如电脑、手机等）上无缝访问和学习微课。

④ 跨平台适配：H5 页面类微课可以在各种浏览器中运行，不受特定平台的限制。这意味着学生可以使用不同的操作系统和设备访问和学习微课，提高了学习的灵活性和便利性。

⑤ 支持在线学习：H5 页面类微课一般以在线方式提供，学生无须安装客户端，只需通过浏览器访问相应的网页即可开始学习，为学习内容的传播和分享提供了便利。

（2）H5 页面类微课创作工具——MAKA

MAKA 是一款在线设计工具，支持 H5、海报、视频等多种设计品类，并提供丰富的模板和易用的编辑功能。它让非专业设计师也能轻松创建出高质量的多媒体内容。对于教师而言，MAKA 在制作 H5 页面类微课方面具有显著优势。首先，它简化了操作，让教师无须学习专业技术也能快速制作出精美的微课。其次，MAKA 的多媒体融合能力使教学内容更加生动有趣，能够有效激发学生的学习兴趣，提高教学效果。再次，通过内置的交互功能，教师能够设计出更多元化的教学互动点，增强课堂的互动性和学生的参与度。最后，MAKA 还支持作品的在线存储与多渠道分享，便于教师将微课资源快速传播给更多学生，扩大教学影响力。

MAKA H5 设计流程：

① 进入 MAKA 官网，注册并登录。

② 在 MAKA 的主页面，单击"H5 网页"（如图 7-24 所示）。用户可以使用模板中心提供的内置模板，或者创建一个空白模板开始编辑。这里选择一个"知识竞赛"模板进行创作，单击"立即编辑"后进入页面设计界面（如图 7-25 所示）。

③ 在页面设计界面使用 MAKA H5 工具搭建微课页面，设置页面布局、样式和交互效果。将微课制作所需的素材插入页面中，包括图片、视频、音频等。根据需要添加互动元素，如按钮、滑块、选择题等，增加学习的趣味性和参与感。

④ 完成微课制作后，单击"预览/分享"按钮，可以预览制作好的微课作品。预览后如果没有问题，就可以发布微课了。教师可以将微课的二维码发送给学生，学生通过扫描二维码观看微课；教师也可复制微课链接将其发布到微信朋友圈。

图 7-24　MAKA 在线设计平台

图 7-25　MAKA H5 页面的设计界面

思考与练习

1. 交互式微课的优势有哪些？
2. H5 页面类微课的特点是什么？
3. 利用 Camtasia Studio 设计一节交互式微课。

参考文献

[1] 赵国忠，傅一岑. 微课：课堂新革命 [M]. 南京：南京大学出版社，2015.

[2] 刘万辉. 微课开发与制作技术 [M]. 北京：高等教育出版社，2015.

[3] 马秀芳，柯清超. 新编现代教育技术应用（微课版）[M]. 上海：华东大学出版社，2023.

[4] 杨上影. 微课设计与制作 [M]. 2 版. 北京：高等教育出版社，2023.

[5] 崔小洛，周文娟，张胜男. 交互式微课程设计研究 [J]. 中国教育技术装备，2014（14）：53—54.

[6] 丛雪燕. 基于互动电影制作技术的微课开发 [J]. 辽宁高职学报，2017，19（3）：33—35.

网络技术的教育应用

学习目标

- 理解移动学习的内涵与特征；了解常用的在线学习平台，掌握学习资源发布平台的基本功能
- 理解 MOOC 的含义与特征；了解常见的 MOOC 平台，能够根据需要选择合适的平台学习课程
- 理解翻转课堂的概念；通过案例观摩，了解翻转课堂的实施过程
- 了解在线同步直播教学的特点，能够熟练运用直播教学平台进行在线直播教学

知识导图

在互联网时代，网络技术、计算机技术、通信技术重塑世界经济、社会、文化格局，并引发了教育领域的深刻变革。由此衍生出的"互联网+教育"打破了权威对知识的垄断，让教育从封闭走向开放，人人能够创造知识，人人能够共享知识，人人能够自由获取和使用知识。现阶段，大数据、人工智能等智能技术正成为教育信息化发展的关键技术。智能技术将创新教学模式，通过大数据技术，可以精准评估学习成效；通过人工智能技术，能实现教育资源的精准推荐。各种技术在教育领域的应用不仅有助于提升学生的学习兴趣与效率，还促进了教育资源的均衡分配。

8.1　移动学习

智能手机已经不只是打电话、发信息的通信设备，使用智能手机等移动设备进行学习不仅已经成为一种重要的学习方式，也成为未来的学习趋势之一。

8.1.1　移动学习的内涵与特征

1. 移动学习的内涵

移动学习（Mobile Learning）可以简称为 M-Learning 或 MLAN，关于移动学习的理论和实践研究已经非常丰富，研究者们从不同的角度阐释了移动学习的内涵。

以技术为中心的移动学习的观点占据主流地位。这种观点强调：移动学习是一种通过使用移动设备进行的随时随地的学习。设备必须具有支持无线技术的功能，能够用来呈现教学材料，并支持学习者与教师之间的异步或同步通信。

基于远程学习和数字化学习关系的移动学习的观点认为，移动学习是远程学习和数字化学习发展过程中的新阶段，强调移动学习在可携带性上的优势。

以学习者为中心的移动学习的观点认为：不管是何种形式的学习方式都是围绕学生进行的，强调学习的随时随地性，至于使用何种设备和技术并没有那么重要。

从增强正规教育角度出发的移动学习的观点认为：正规教育往往是采取面对面的方式进行的，而移动学习是正规教育的一种非常有益的补充。

基于对上述移动学习内涵的理解，北京师范大学教授黄荣怀在《移动学习：理论·现状·趋势》一书中将移动学习定义为：学习者在非固定和非预先设定的位置下发生的学习，或者是有效利用移动技术发生的学习。

综上所述，移动学习是一种在移动设备的帮助下，能够在任何时间、任何地点发生的学习，移动学习所使用的移动设备必须能够有效地呈现学习内容并且提供教师与学习者之间的双向交流。

2. 移动学习的特征

移动学习具备以下几个基本特征：

（1）学习形式的移动性

在移动学习的过程中，教师可以将最新的教学资料上传至网络，随时随地更新教学资源库；学习者也不是在某个固定的时间或地点进行学习，而是根据自己的计划随时随地进行学习。在这个过程中，学习者和学习资源都是移动的。

（2）学习内容的互动性

移动学习的技术基础是移动计算技术和互联网技术，即移动互联网技术，具有双向交互的特点。移动互联网技术的交互性可以实现信息的实时双向流通，有利于培养学习者的交流沟通能力，激发学习者的学习热情。

（3）学习实现方式的数字化和网络化

移动学习具有数字学习的一些特性，即数字化的学习环境、数字化的学习资源和数字化的学习形式,体现了时间终身化、空间网络化、学习主体个性化和交互的平等化等特点。此外,大部分移动学习模式是基于无线网络的,通过移动设备接入实现教学,因此移动学习也是一种网络学习。

(4) 学习时间的碎片化

移动学习是一种碎片化学习,学习者可以充分利用零碎的时间片段,见缝插针地学习。因此,移动学习只是传统课堂的一种延伸和扩展,并不能代替现有的、正式的学习形式,只能是对现有教育的一种补充。

(5) 学习方式的个性化

在移动学习模式中,学习者可根据自己的学习需求控制学习进度、安排学习时间和地点、自由选择学习内容,有利于提高学习者的学习效率和信心。

8.1.2 移动学习平台

随着移动互联网的发展和移动设备的普及,移动学习已经成为人们学习的一种重要形式,各类移动学习平台也如雨后春笋般涌现。

1. 在线学习平台

为了便于学习者使用移动设备进行在线课程学习,当前很多在线学习平台推出了面向移动端的应用程序,它们除了具有原来在线学习平台所具备的功能外,还根据移动设备和移动学习的特点进行了界面展示、操作控制和媒体呈现等方面的调整。

(1) 中国大学 MOOC

中国大学 MOOC(平台界面如图 8-1 所示)是由网易有道与高等教育出版社共同推出的在线教育平台,承接教育部国家精品开放课程任务,向大众提供知名高校的 MOOC 课程。中国大学 MOOC 平台有众多高校的优质课程,学习者可以通过该平台与名师交流、互动。

中国大学 MOOC 不仅为学习者提供了完整的学习体验,包括教学视频、讲义、资料、测验、作业、教师答疑和课后讨论等,还为学习者提供了优质的教育资源和个性化教学服务。

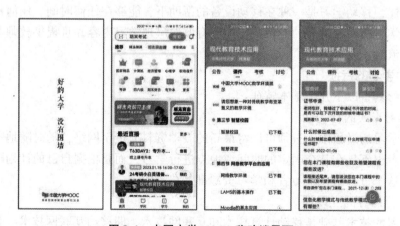

图 8-1 中国大学 MOOC 移动端界面

(2) 网易云课堂

网易云课堂(平台界面如图 8-2 所示)是网易公司打造的在线实用技能学习平台,自 2012 年年底上线以来,持续为学习者提供丰富、优质的课程资源。该平台课程涵盖实用软件、IT 与互联网、外语学习、生活家居、职场技能等多个领域，学习者可根据自身需求自主安排学习进度。网易云课堂注重课程内容的实用性和体系化，致力于通过创新的教学方式提升用户的学习体验与效果。

图 8-2　网易云课堂移动端界面

（3）智慧中小学

智慧中小学（平台界面如图 8-3 所示）是国家中小学智慧教育平台的移动端应用。它于 2022 年正式上线，旨在为教师、学生和家长提供便捷的教学活动、自主学习、家校协同和互动交流途径。该 APP 包含专题教育、课程教学、课后服务、教师研修、家庭教育等多种资源，支持个性化学习，提供收藏、分享、投屏等功能，方便学生和家长管理学习内容和社交互动。智慧中小学以其丰富的资源和便捷的功能，受到广大师生的欢迎和好评。

图 8-3　智慧中小学平台界面

2. 学习资源发布平台

常见的学习资源发布平台包括微信公众号、喜马拉雅、博客平台等。

（1）微信公众号

目前，微信已经成为人们日常的通信、工作、交流、消遣娱乐的重要工具，利用微信公众号平台来实现教学服务和学习资源的发布及分享非常方便和高效。教师可以开设一个专门用于教学的微信公众号，并通过该微信公众号开展多种教学活动。例如，教师可将当天的阅读作业通过微信公众号发布，学生通过手机或平板电脑阅读作业后，利用在线留言功能将完成的作业提交到微信公众号后台，而教师收到作业后可以进行在线批改。微信公众平台还可以促进学生自主学习，如利用"关键词触发"等功能，教师可在后台编辑好学习内容，设置触发自动回复的关键词，使学生通过回复关键词随时随地自动获取想要的学习资料。微信公众号还可以提供在线留言和答疑等功能，学生有问题可以随时在微信公众号后台提问，教师看到后可及时给予回答。除此之外，教师还可以利用微信公众号里的小程序，实现教学资料共享、发起投票、发布题库等。

(2) 喜马拉雅

喜马拉雅（移动端界面如图8-4所示）是一个专业的音频发布平台，现拥有超过5亿的用户，它汇集了有声读物、儿童睡前故事、相声小品等数亿条音频。喜马拉雅平台为用户提供了"随时随地、听我所想"的音频体验，用户也可以利用平台发布各种免费或付费的音频或者开展音频的直播。

图 8-4　喜马拉雅移动端界面

(3) 博客平台

博客是一个易于操作的个人信息发布平台，只需注册一个账号，就能够拥有一个个人网络空间。在教育领域，通过教育博客群，教师们可以形成学习社群，通过分享观点、经验、信息和策略，创建出集体探究的活动，从而生成集体的智慧和知识，如图8-5所示是某小学教师博客平台。

图 8-5　某小学教师博客平台

3. 学习管理平台

在移动学习的过程中，学习管理平台在教学活动中发挥着重要的作用，它可以帮助提高学生课堂的参与度，提高智慧课堂的教学质量。

（1）学习通

学习通（界面如图 8-6 所示）是由北京世纪超星信息技术发展有限责任公司开发的一款面向智能手机、平板电脑等移动终端的集移动教学、移动学习、移动阅读、移动社交为一体的学习管理平台。

学习通内包含各种教与学相关的微应用，为了便于教师开展教学，平台提供了示范教学包、投屏、点名、签到、白板、直播等智慧教学工具；平台通过移动图书馆、移动博物馆、名师讲坛、课程广场、微读书等模块为学生提供了丰富的学习资源。除此之外，平台还为学生提供了各学科知识分享社区，以及课表、考试、云盘、能力测评等学习工具。

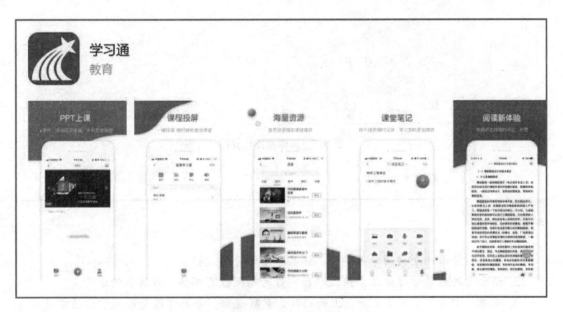

图 8-6　学习通界面

（2）雨课堂

雨课堂（界面如图 8-7 所示）是一个智慧学习管理平台，由学堂在线与清华大学在线教育办公室共同研发。雨课堂提供了丰富的教学管理功能，覆盖了课前、课上、课后的每一个教学环节。教师可利用手机 APP、微信，以微信服务号的形式整合课前推送、实时答题、多屏互动、答疑弹幕及学生数据分析等功能。课程开始后会自动生成本堂课程的二维码，学生通过微信扫描进班。课前，教师可将丰富的教学资源轻松插入 PPT，随时随地推送到学生的微信。

图 8-7　雨课堂操作界面

思考与练习

1. 注册、登录一个移动学习平台，体验移动学习的过程。
2. 结合你的移动学习体验，谈谈移动学习的局限性有哪些，应该如何避免。
3. 观看"抖音""今日头条"上面的知识类短视频，并思考这是否属于移动学习。

8.2　MOOC

　　MOOC 又称慕课，是一种将分布在世界各地的教师和学生通过网络无限参与和开放访问的方式联系起来的大规模的线上虚拟教室。除了提供传统的课程资料，许多 MOOC 还提供交互式课程，以支持学生、教师和教学助理之间的交流互动。

8.2.1　MOOC 的含义与发展

1. MOOC 的含义

　　MOOC 是 Massive Open Online Course 的首字母缩写。其中的第一个字母"M"代表

Massive（大规模），是指课程注册人数多，与传统课程只有几十个或几百个学习者上课不同，一门 MOOC 课程动辄上万人上课；第二个字母"O"代表 Open（开放），是指课程以兴趣为导向，凡是想学习的人，都可以进来学，学习者只需用邮箱注册，就可参与学习；第三个字母"O"代表 Online（在线），是指课程学习在网上完成，学习者可根据自己的时间随时随地进行学习，还能与其他学习者进行互动；第四个字母"C"则代表 Course（课程）。所以，MOOC 的中文全称是"大规模在线开放课程"。

2. MOOC 的发展

（1）MOOC 在国外的发展

早在 MOOC 出现之前，国外就已在线上课程建设方面进行了一些探索。2001 年，美国麻省理工学院宣布实施开放式课件（Open Course Ware，OCW）计划，该计划将学校课程资源全部网络化，供世界各地的学者和机构学习，该计划成为网络教学的开端。

2008 年，加拿大两位学者首先使用 MOOC 这个术语来描述他们开设的一门课程。2011 年，美国斯坦福大学推出"人工智能"这一 MOOC，该课程吸引了超过 160 个国家的 16 万人注册学习，其中 2 万人全程跟进学完课程。这是全球最早的一门真正面向大规模学习者的 MOOC。

2012 年，MOOC 取得了突破性进展，并形成了三大平台：Coursera、edX 和 Udacity，这一年被称作"全球慕课元年"。随后，美国多所知名大学纷纷宣布与 MOOC 提供平台建立合作关系，向世界各地的学习者提供高质量的课程。很快，各国高校也纷纷积极参与到 MOOC 课程的建设中。总体上看，MOOC 在世界范围内特别是在美国、英国、德国、法国、日本和中国等国家得到了快速发展。

2013 年至今，经过初期的爆发式增长，人们开始对 MOOC 进行反思，更加理性和辩证地分析 MOOC 的优点和不足，并且期待这种教学手段更好地为教学服务。

（2）MOOC 在国内的发展

受全球开放教育资源运动的影响，加上政府的大力推动，MOOC 在中国得到了同步快速发展。2013 年，清华大学、北京大学、复旦大学等中国一流院校纷纷加入 MOOC 的行列，MOOC 平台如雨后春笋般涌现，这一年被称为"中国慕课元年"。

2015 年 4 月，《教育部关于加强高等学校在线开放课程建设应用与管理的意见》中提出：发挥我国高等教育教学传统优势，借鉴国际先进经验，采取"高校主体、政府支持、社会参与"的方式，集聚优势力量和优质资源，构建具有中国特色在线开放课程体系和公共服务平台。

2017 年，教育部启动"2017 年国家精品在线开放课程认定工作"。2018 年 1 月 15 日，教育部首次推出 490 门"国家精品在线开放课程"。

2019 年 4 月，"中国慕课大会"在北京举行，教育部公布了 801 门 MOOC 为第二批国家精品在线开放课程，并发表了《中国慕课行动宣言》。

经过十年建设，截至 2024 年，我国 MOOC 已上线超过 7.68 万门，不仅服务了国内 12.77 亿人次的学习，而且通过实施"慕课出海"行动，让中国 MOOC 走出国门，为世界高等教育作出中国贡献。我国 MOOC 建设和应用规模成为世界第一，已经成为世界高等教育领域的"国际品牌"。[①]

---

① 曹建. 教育部：中国慕课已上线超 7.68 万门 服务国内 12.77 亿人次[EB/OL]. (2024-01-26)[2024-07-22]. http://www.moe.gov.cn/fbh/live/2024/55785/mtbd/202401/t20240126_1112589.html.

8.2.2 MOOC 的特点

MOOC 具有如下三个方面的特点：

1. 大规模

大规模体现在两个方面：一是 MOOC 是拥有海量参与者的巨型课程。课程平台既不会限制注册人数，也不会对注册者的地域、年龄和职业有要求，因此来自世界各地的不同年龄段、不同职业的学习者都可以自由地选择并学习自己喜爱的课程。二是当前 MOOC 平台拥有数量庞大、种类丰富的课程资源。学习者可以根据自己的兴趣、职业需求选择学习相关课程。

2. 在线

MOOC 平台通过互联网实现即时线上授课，学习者不再受限于地理位置，只要有网络连接，就能随时随地访问课程资源。此外，MOOC 平台提供的在线讨论、实时问答等功能，促进了师生之间、生生之间的即时互动。

3. 开放性

MOOC 是一种开放的教学形式，MOOC 平台上的所有资源都能通过网络进行传播。"开放"的目的是希望所有学习者能平等地获得数字化的学习体验和丰富的线上教育资源，使得学习不再受地理位置和经济条件的制约。

8.2.3 MOOC 带来的影响

1. 共享优质教育资源，促进高等教育公平化

MOOC 打破了传统高等教育的地域和身份限制，使得全球范围内的学习者，无论其经济条件、地理位置如何，都能有机会接触到优质的教育资源，从而扩大了高等教育的受众范围。MOOC 多为免费或收费较低，这大大降低了接受高等教育的经济门槛，使得更多家庭贫困或经济条件有限的学习者负担得起接受高质量教育的费用。MOOC 平台汇聚了全球顶尖高校的优质课程资源，通过在线共享，使得这些资源能够跨越地域限制，为更多学习者所用。

2. 改变传统教学模式，激发学生自主学习潜能

MOOC 是一种创新型的网络自主学习模式，其借助网络媒介，将时空分离的师生联系起来，实现了学习资源的传送与共享。在教学实践中，MOOC 可以和翻转课堂相结合。MOOC 拥有海量的课程学习资源，并给予学习者充分灵活性，允许学习者根据自己的节奏和兴趣进行个性化学习，充分发挥了学习者的主动性和创造性。在 MOOC 和翻转课堂结合的模式下，学习者可以在课外通过观看 MOOC 视频、阅读资料等方式完成知识的初步学习，而在课堂上的时间则更多地进行讨论、实践和解决问题。

3. 引发教育变革，为教师工作带来新挑战

作为一种全新的知识传播模式和学习方式，MOOC 引发了全球教育的一场重大变革，教师的教学方式、教学角色、教学能力等面临一系列挑战。

（1）教学方式

MOOC 彻底颠覆了教与学的主从关系，教师不再是教学活动的掌控者，学生也不再只是知识被动的接受者。在 MOOC 模式下，学生先自行观看相关的视频和材料，并在互动区提出问题；而教师根据学生提出的问题安排教学活动。这种教学方式充分体现了"以学生为主体，教师和平台为主导"的全新教学模式，赢得了广泛的接受与推崇。这种教学方式要求教师必须改变原来的工作流程，备课的重点从研究教学内容转向研究学生及其提出的问题上，并着重于解决问题。这种教学方式不仅要求教师熟悉教学内容，而且还要求教师掌握 MOOC 的教学流程、特点及基本的技术操作。

(2) 教师角色

在 MOOC 模式下，教师的角色变得更加多元化、专业化。在技术的支持下，平台能够记录学生的学习过程与轨迹，教师不需要时时刻刻观察学生，通过平台提供的分析报告和研究数据就可以掌握学生的学习行为、学习过程和学习特点。而教师可以将更多的精力放在研究优质教学资源的录制与更新上。在该模式下，学生一般通过视频就可以获取知识，因此教师也不再是知识唯一的传授者，而应转变为学生学习的陪伴者、指导者。

(3) 教学能力

MOOC 具有多样性、开放性和个性化等特点，这就要求教师除了具备高超的教学设计能力之外，还需具有整合各种课堂教学模式和方法的能力。MOOC 往往被切割成 10 分钟甚至更小的"微课程"，这在无形中也增加了教师教学的难度。在 MOOC 模式下，教师不仅要合理地利用和分配时间，精心设计问题与答案，及时通过信息反馈进一步改善教学质量，还需要树立"以学生为中心"的服务理念，潜心于教学方法的研究，不断提高自己的教学能力和教学水平。

总而言之，我们应将传统的学校教育模式与 MOOC 模式结合起来，各取其长，各避其短，既要发挥好学校教师不可替代的作用，又利用好网络平台的便捷性，从而将教学效果最大化，这才是现代教育的春天。

8.2.4 常见的 MOOC 平台

目前，国内外 MOOC 平台众多，为了方便大家了解 MOOC，拓宽课外学习渠道，掌握更多的学习资源，本小节分享几个常见的 MOOC 平台。

1. 中国大学 MOOC

中国大学 MOOC 基本情况及移动端界面已经在本章"8.1.2 移动学习平台"进行了介绍，此处不再赘述。学习者可以通过浏览器登录中国大学 MOOC 平台网页版（如图 8-8 所示），登录成功后，在搜索框中输入课程名字，即可找到相关课程（如图 8-9 所示）。

图 8-8　中国大学 MOOC 网页版首页

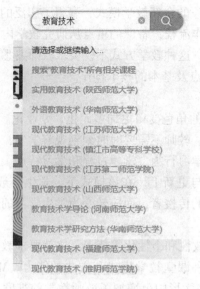

图 8-9 搜索课程

选择需要的课程即可查看课程详情，在如图 8-10 所示的页面单击"立即参加"按钮，即可学习该课程。如果该课程暂未开放，那么需要在指定时间段才能进行学习。

图 8-10 学习课程

学习者如果想要获得某课程的课程证书，那么需要按照授课教师制定的课程大纲和评分标准完成相关作业；如果不需要证书，仅是为了扩充知识，那么可以根据自己的时间与需求自由安排学习进程。

2. 网易公开课

网易公开课（首页如图 8-11 所示）是网易公司于 2010 年 11 月推出的在线课程平台。该平台汇集了哈佛大学、耶鲁大学、清华大学、北京大学等国内外知名大学，以及 Coursera、可汗学院、TED、BBC、IEEE 等世界级教育机构与企业的公开课程与讲座资源。网易公开课通过翻译或自主制作这些课程，将其提供给大众观看学习。其课程资源不仅优质，而且种类繁多，涵盖了文学艺术、历史哲学、经济社会、物理化学、心理管理、计算机技术等二十余个专业领域，为学习者提供了广阔的知识视野和深入的学习机会。

图 8-11　网易公开课首页

3. 慕课网

慕课网（首页如图 8-12 所示）是一个 IT 技能在线学习平台，汇聚了海量高质量的编程及技术课程。它专注于为 IT 从业者及爱好者提供系统、实战性的学习资源，涵盖了 Web 开发、移动开发、大数据、人工智能、云计算、运维安全等多个热门技术领域。慕课网以视频教程为主，辅以在线编程练习、项目实战、问答社区等功能，帮助学习者从理论到实践，全面提升技术；其课程包括基础课程、实用案例、高级分享三大类型，适合不同基础的学习者；除此之外，慕课网还定期举办技术沙龙、在线直播等活动，促进学习者之间的交流与学习。

图 8-12　慕课网首页

4. 可汗学院

可汗学院（首页如图 8-13 所示）是由孟加拉裔美国人萨尔曼·可汗创立的一家非营利性教育机构。该学院利用网络影片提供免费授课，内容涵盖数学、物理、化学、历史、金融等多个学科，教学影片数量超过 5600 段，旨在加快各年龄阶段学习者的学习速度。可汗学院的教学视频以每段约 10 分钟为特点，从基础内容开始，逐步进阶，且教学者不出现在影片中，使用电子黑板系统讲解。该学院获得了包括微软教育奖、比尔·盖茨夫妇慈善基金和谷歌公司资助在内的多项荣誉和资金支持，其教学模式被认为是对传统教育体系的一种创新和挑战。

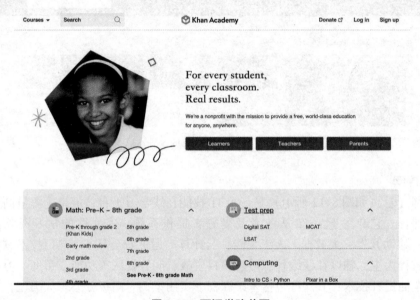

图 8-13 可汗学院首页

思考与练习

1. 请登录中国大学 MOOC 网页版，注册账号后选择一门课程进行学习。
2. 通过本节学习，请谈一谈 MOOC 教学与传统授课有什么不同。

8.3 翻转课堂

互联网时代，学生通过互联网学习丰富的在线课程，不一定要到学校接受教师讲授。翻转课堂是对基于印刷术的传统课堂教学结构与教学流程的彻底颠覆，由此引发了教师角色、课程模式、管理模式等一系列变革。

8.3.1 翻转课堂概述

1. 翻转课堂的概念界定

翻转课堂（Flipped Class Model）一般又被称作翻转课堂式教学模式，这里的"翻转"是较传统课堂而言的。

所谓翻转课堂就是指在信息技术支持的环境中，教师课前为学生提供针对性的教学视频和学习任务单等资料供学生开展自主学习，实现知识传递；课中通过自主探究、合作探究、师生共同答疑等形式，完成知识内化；课后，教师布置任务，学生通过完成任务进一步巩固知识。这是一种新型的教与学形式。相较于传统课堂而言，翻转课堂将知识传授放在课外，由学生自主学习完成；将知识内化放在课内，由师生讨论交流完成。翻转课堂的教学示意图如图 8-13 所示。

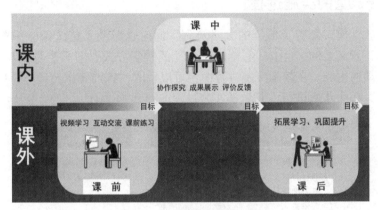

图 8-13 翻转课堂教学示意图

2. 翻转课堂的内涵

翻转课堂的"翻"字有以下几层内涵：

（1）教学流程的翻转

从形式上看，翻转课堂颠覆了教学流程，将传统课堂中的课内与课外的环节进行了颠倒，即：把传统课堂中"知识传授"的过程放在课外，由学生自主学习完成；而传统课堂"知识内化"的过程放在课内，由师生讨论交流完成。

（2）教学目标的翻转

在传统课堂中，由于课堂时间有限，教师在课堂上基本只能达成识记、理解和应用三个低阶教学目标，而达成分析、综合和评价三个高阶教学目标的任务则以作业形式安排在课后让学生独立完成。而翻转课堂则相反，教师将低阶教学目标的任务以微视频或其他学习材料的形式发送给学生，让学生在课前自主学习完成，在课堂上则是组织学生进行深度互动，引导学生积极思考，激发学生思维碰撞，帮助学生达成高阶教学目标。

（3）教学评价的翻转

在传统教学中，教学评价通常在教学过程完成之后进行，目的在于检验学生的总体学习情况。而翻转课堂通常在教学过程开始之前开展评价，目的在于精准诊断学情，帮助教师了解学生课前预学情况及存在的问题，以便教师在课堂教学中有针对性地采用差异化的教学策略进行定向干预。翻转课堂的教学评价不是评判学生的手段，而是促进学生更好发展的手段。

（4）师生角色的转变

在翻转课堂的教学过程中，教师需要从单一的知识传授者转变为问题解惑者、思维引导者、活动设计者、过程促学者等多重角色，真正关注并更好地了解每一位学生；学生则从知识接受者转变为自主学习者、合作学习者、知识建造者、创意沟通者等多重角色，增强多维学习投入，成为整个过程的主体。

（5）学习空间的变化

从教学环境来看，翻转课堂需要通过功能全面的学习管理系统，将线上课堂和线下课堂整合成一体。翻转课堂将一维的教室空间转变成了"教室空间＋网络空间＋实践空间"的多维学习空间，让教学更加适应学生差异，为每个学生的充分发展提供有针对性的指导和帮助，使每个学生成为最好的自己。

8.3.2 翻转课堂的实施过程

翻转课堂教学模式翻转了传统的教学流程，同时也撼动了传统课堂中教师的主体地位，形成了真正意义上的"主体-主导相结合"的教学方式，即学生是知识建构的主体，教师是教学活动的主导。在教学实施过程中，可以采取"课前知识传递—课中知识内化—课后知识固化"三个步骤进行，其教学实施过程如图8-14所示。

图8-14 翻转课堂的教学实施过程

1. 课前：知识传递

知识传递一般通过学生自主学习教师提供的教学视频来完成，这一阶段的主要教学目标是让学生初步完成知识技能等的接受、理解。

首先，教师要进行教学内容分析，将识记、理解、应用三个低阶教学目标的教学内容定为学生的课前预学内容，并将预学内容细化为相互关联、时长适中的微型学习视频，以方便学生自定步调地反复观看。

其次，在翻转课堂中，教师可以基于预学内容，设计导学任务单，引导学生带着问题有针对性地自主观看视频。学生自行观看视频后，可通过学习平台完成教师布置的课前测试；如遇问题，可以通过社交平台（如QQ、微信等）等方式向教师请教或与同学讨论来解决。对于暂时未得到解决的问题，学生可通过学习平台提交给教师，教师要针对课前学生遇到的问题在课堂上进行专题讲解或讨论。

2. 课中：知识内化

教师需要提前收集学生课前学习遇到的问题并分析学生对课前预学内容的掌握情况，以此来确定授课主题,并运用相关的教学策略组织课堂教学活动。例如,教师可以设计、组织多样化的小组合作活动,鼓励学生围绕问题进行深层次的讨论,并及时关注学生的讨论结果。教师还需要根据学生在课堂中遇到的问题不断调整教学策略,通过反馈、解析、再评测、再反馈的迭代式过程,引导学生理解和建构有意义的个人知识体系,促进学生深度学习。

3. 课后:知识固化

在课后,教师可针对教学内容为学生设计创新的拓展类实践任务,为学生提供在真实情境中解决问题的机会;同时,课后任务还可以辅以反思活动,促使学生进行课后自主探究与反思。学生在完成课后任务的过程中遇到问题也可以通过社交平台与教师和同学进行交流,教师也应及时跟进学生完成任务的情况及遇到的困难,促进其知识、技能的进一步内化、拓展与深化。

8.3.3 翻转课堂教学应用案例

本案例是人教版《语文:七年级》(上册)中第二单元的阅读课文《散步》,本节课采用翻转课堂实施教学。

1. 课前

在课前,教师基于预学的自主学习资料(如表 8-1 所示),设计了导学任务单(如表 8-2 所示),引导学生带着问题有针对性地自主学习微视频和相关资料,并完成导学任务单上的任务;学生记录自主学习过程中产生的问题,并完成平台上的练习题。

表 8-1 自主学习资料清单

序 号	资源内容	资源类型
1	作者介绍	教师自制视频
2	文章背景简介	网络视频
3	需要识记的生字	教师自制 PPT 课件
4	疏通文意	教师自制视频
5	赏析人物形象	教师自制视频

表 8-2 导学任务单

任务	任务详情	
1. 注音	信服　　分歧　　一霎　　粼粼	
2. 课文写了一件什么事?	时间	
	地点	
	人物	
	过程	
	结果	
3. 读了这篇散文,你从中感受到了什么?		

2. 课中

在课中,教师根据学生课前自主学习的情况,对重点问题进行讲解、答疑,并组织学生交流阅读体会。

(1) 检测自主学习

根据课前自主学习，回答以下几个问题：

问题一：本文主要讲了一件什么事？

问题二：他们为什么会产生分歧？

(2) 探究核心问题

教师依据教学目标、学生的疑难，在黑板上罗列本节课要解决的问题。

① 学生自主探究

问题一：文章为什么取题名为《散步》？

问题二：如果换个角度另拟一个题目，你会取什么题目？说说你的理由。

② 小组合作探究、成果汇报

问题一：文中有四个人物，说说每个人物给你留下了什么印象。

问题二：找出文中打动了你的句子。

问题三：文中有多处运用对称的句子，请你也仿照写一写。

3. 课后

教师向学生推荐拓展阅读材料，并布置课后任务。

(1) 阅读《金黄的大斗笠》。

(2) 比较《金黄的大斗笠》与本文在语言特点上的异同。

4. 小结

翻转课堂的教学模式以学生为中心，让学生充分发挥学习主动性，自主地深入理解和思考文本内容。面对有疑问的地方，学生拥有充裕的时间和机会与同学交流探讨，或向教师寻求答案。这一过程不仅提升了学生的阅读兴趣，而且激发了他们的阅读热情。

> 思考与练习

1. 请你分别从教师和学生的角度谈一谈翻转课堂的价值。
2. 你认为一门课程全部实施翻转课堂是否可行？

8.4　在线同步直播教学

在线同步直播教学是一种基于网络的实时互动教学模式，它打破了传统教育在时间和空间上的限制，为学生提供了更加灵活和个性化的学习方式。

8.4.1　在线同步直播教学概述

1. 在线同步直播教学的定义

在线同步直播教学（以下简称直播教学）是指教师与学生在不同空间环境下，借助互联网等现代信息技术，实现同时间、同步调、同进度的教与学活动。这一教学模式通常依赖于直播工具或视频会议平台，支持音视频实时交流、PPT 动态展示及基于实时文字的深入研讨。其特点在于即时性强、实施便捷，且对教师与学生的技术学习成本要求相对较低。

直播教学的分类方式如下：

根据是否配备助教，直播教学可划分为两类：有助教的直播教学与无助教的直播教学。前者多见于校外辅导机构或网校，助教在此类教学场景中扮演着重要角色，其职责有协助主讲教师管理班级秩序、分发并收集学生作业进行批改等，部分助教还承担作业辅导的职责；后者常见于一般院校，其中教师需独立承担授课任务，并负责班级内学生的成绩统计、作业辅导等全方位的教学工作。

根据班级人数的规模，直播教学可划分为两类：大班直播教学与小班直播教学。大班直播教学常见于网络公开课场景，允许一名教师同时向成百上千名乃至更广泛的学生群体传授知识，实现教育资源的广泛共享；而小班直播教学则更多地出现在传统班级环境或基于特定学习需求自发形成的网络小组中，通常由数人至几十人构成，这种类型更侧重于个性化教学和小范围内的深入互动。

2. 直播教学的特点

远程教育的出现提供了师生间的新的交流方式，使学生得以跨越时间和空间的界限，灵活利用丰富多样的优质教学资源，从而促进学习成效的显著提升。而直播教学作为远程教育的一种新兴形态，其克服了传统远程教学中可能存在的互动交流不足、单向传授的弊端。它具有如下特点：

（1）跨区域

直播教学的跨区域特征，充分展现了现代教育技术手段的优越性。它不仅打破了传统教育中的地域壁垒，还通过远程直播的方式，为教师提供了跨越多个合作学校的教学环境。在这种模式下，教师可以同时为不同学校的学生上课，使学生们能够不受空间限制，共享优质的学习资源。直播教学彻底打破了传统教学的局限，学生们可以异地实时观看教师发布的直播课程，并积极参与讨论，这种互动与交流极大地丰富了教学形式，改变了传统教学单一的面授方式。

（2）实时互动

直播教学实时互动的特征，极大地提升了教学体验与效果。通过直播教学平台的即时传输，教师能够与学生进行实时的沟通交流，学生可以随时提问，教师也能对学生提出的问题进行及时解答。这种实时的沟通使得教学过程更加灵活高效，学生能够在互动中深化理解，教师也能根据学生的反馈调整教学策略，共同推动教学质量的不断提升。同时，直播教学平台还会提供多样化的互动工具，如举手发言、连麦讨论、聊天区互动等，这不仅丰富了课堂互动形式，还促进了学生之间的交流与协作。

（3）管理便捷

直播教学管理便捷的特征，有效地提升了教学效率。利用信息技术，直播教学平台可以将直播过程中的学生学习数据实时记录下来，这些数据不仅详尽记录了学生的学习轨迹，还能作为课程考评的重要依据。这极大地减轻了教师的工作负担，如减少教师统计学生成绩的时间，让教师得以从重复性的劳动中解放出来。因此，教师能拥有更多的时间与精力专注于课程内容的优化与教学方法的创新，进而进一步提升教学质量与效果。

3. 常见的直播教学平台

目前,市场上常见的直播教学平台有钉钉、QQ 和腾讯会议等。

(1) 钉钉

钉钉是一款由阿里巴巴集团开发的移动办公平台,近年来在直播教学领域展现出了强大的功能性和便捷性。钉钉的直播教学功能为教师提供了丰富的在线教学工具,支持直播预约、多群联播、实时互动、直播录制和数据统计等,打破了时间和空间的限制,使得教学活动更加灵活高效。

(2) QQ

QQ 是一款广受欢迎的即时通信软件,其内置的 QQ 群功能支持在线直播教学。教师可通过 QQ 群直播功能,开展线上教学活动,实现与学生之间的实时互动。在直播过程中,教师可以分享屏幕、演示 PPT、播放视频等,而学生则可以在直播间内观看直播、参与讨论,甚至通过连麦功能与教师进行实时交流。QQ 群直播教学为教师和学生提供了一个便捷、高效的在线学习平台。

(3) 腾讯会议

腾讯会议是一款多功能的会议软件,现在也广泛应用于直播教学。它支持高清流畅的音视频传输,供实时共享屏幕、支持在线文档协作等,确保教师与学生的实时互动不受影响。腾讯会议提供了丰富的互动工具,如举手、聊天、屏幕共享等,增强了课堂互动性;还支持会议录制和回放功能,方便学生随时复习课程内容。除此之外,其还支持音视频智能降噪、美颜、背景虚化、锁定会议、屏幕水印等功能。

8.4.2 直播教学案例:钉钉

1. 钉钉介绍

钉钉可以为直播教学提供完整的教学环节(预览、上课、复习、作业、教研、指导等)和一些学习管理和监督功能。钉钉具有教学通讯、教学通知、教学管理、资源共享四个主要的直播教学功能(如表 8-3 所示)。它具有符合教学需要的实时和延时的通讯功能,教学通讯功能的实现主要体现在视频会议、群直播、直播回放、钉邮、班级圈等模块中;教学通知功能的实现主要体现在待办(任务)、DING 消息、班级通知、日程等模块中;教学管理功能的实现主要体现在签到、打卡、创建课程、考勤、成绩、奖状、班级填表模块中;资源共享功能的实现主要体现在文件、收藏、日志、钉盘、在线智能作业、家校本等模块中。

表 8-3 钉钉直播教学功能与对应实现模块

功能介绍	实现模块
教学通讯	视频会议、群直播、直播回放、钉邮、班级圈
教学通知	待办(任务)、DING 消息、班级通知、日程
教学管理	签到、打卡、创建课程、考勤、成绩、奖状、班级填表
资源共享	文件、收藏、日志、钉盘、在线智能作业、家校本

2. 利用钉钉进行直播教学的操作流程

利用钉钉进行直播教学的具体操作流程如下：

（1）创建班级

班级群由各班班主任创建，创建成功后会生成一个群二维码；班主任可将二维码分享给家长，让家长通过扫描二维码注册钉钉账号，进入班级群；进入班级群时家长需要填写与某学生的关系，便于教师之后的教学管理。

（2）直播授课

以教师版为例，教师登录钉钉后，进入相关班级群，单击"创建直播"按钮（如图8-13所示）可对该班级群内的学生进行直播授课。

图 8-13 "创建直播"操作界面

在授课过程中，教师可以根据实际需求选择直播模式。例如，当选用"屏幕分享"模式时，教师可轻松操作电脑桌面的 PPT、Word 等教学软件，并可将桌面上的内容直观展示给学生（如图8-14所示）。为确保直播体验更好，教师在开播前应开启"直播保存和回放"及"支持连麦"功能。这样一来，学生在正式上课时不仅能通过连麦功能与教师实时互动，提出疑问或分享见解，教师也能通过连麦对学生进行个别指导或提问，增强课堂的互动性和参与度；直播结束后，学生还能利用回放功能自主复习，巩固知识点，实现学习效果的进一步提升。

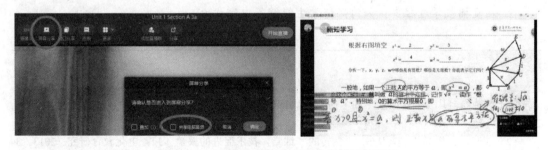

图 8-14 "屏幕分享"模式下的直播授课界面

（3）课后辅导

直播结束后，教师可单击"布置作业"进入"作业模块"界面，再单击"自定义作业"按钮即可添加新作业，随后选择相应学科，并以文字或图片形式将作业内容发布至班级群（如图8-15所示）。学生则只需单击"待完成的作业"，即可查看作业。完成作业后，学生（或家长）可在作业界面以图片形式上传作业。教师在"家校本"界面能清晰看到学生的作业完成情况，包括完成人数、未完成人数及具体名单。对于未完成作业的学生，教师可单击"提醒家长"，及时督促学生完成作业。而在"完成学生"名单中，教师不仅可查看每位学生的作业详情，还能利用"红笔批改"功能对作业进行批改与点评；在点评过程中，教师可将优秀作业标记为"优秀作业"，在班级群中公开展示，以资鼓励。

图 8-15　布置作业

思考与练习

1. 在直播教学过程中，如何更好地实现师生互动、生生互动？
2. 在直播教学过程中，如何保证学生能够集中注意力？

参考文献

[1] 何克抗. 从"翻转课堂"的本质，看"翻转课堂"在我国的未来发展 [J]. 电化教育研究, 2014, 35 (7): 5—16.

[2] 王长江, 胡卫平, 李卫东. "翻转的"课堂：技术促进的教学 [J]. 电化教育研究, 2013, 34 (8): 73—78.

[3] 秦炜炜. 翻转学习：课堂教学改革的新范式 [J]. 电化教育究, 2013, 34 (8): 84—90.

[4] 郭建鹏. "翻转课堂"教学模式：变式与统一 [J]. 中国高教研究, 2019 (6): 8—14.

[5] 王鹏, 柯文丽. 慕课在国内外的发展与运行现状 [J]. 教育教学论坛, 2019 (13): 51—52.

[6] 史旭光, "慕课"的兴起与高校教学的发展 [J]. 中国林业教育, 2022, 40 (2): 1—5.

[7] 郑小军, 慕课发展历程回顾与全方位深度解读 [J]. 广西职业技术学院学报, 2022, 15 (3): 66—74.

[8] 詹立民."钉钉直播"在初中数学教学的应用与教学策略研究[D].重庆:西南大学,2020.

[9] 程雪姣,皮忠玲,洪建中,等.网络直播模式对教学效果的影响:以"职业规划课程"为例[J].现代教育技术,2020,30(2):85—90.

[10] 黄武胜,王毅.基于ZOOM直播软件下的中小学生线上辅导研究[J].科教文汇(上旬刊),2020,30(2):85—90.

[11] 王雪,周璞,刘淑雅.核心素养理念下混合直播教学模式的构建[J].现代中小学教育,2019,35(12):22—28.